계산기를 활용한

초등수학 교육

강완 · 김진호 · 강태석 · 황정화 · 송정환 · 안희진 · 김숙현

utilization of calculating machine elementary mathematics education

教友社

차 례

CONTENTS

utilization of calculating machine
elementary mathematics education

SECTION 1

교재 개발의 필요성

우리 사회가 지식기반사회로 급속하게 진입해 가면서 학생들이 갖추어야 할 수학적 소양도 달라지고 있다. 지식기반사회에 적응력이 있는 인간은 창의적인 아이디어를 지속적으로 발현할 수 있어야 한다. 이 시대를 살아갈 현재의 아동들에게 수학 학습은 계산 중심의 교육이 아닌 수학적 개념을 주 대상으로 하는 사고력 중심의 교육으로 바뀌어야 한다. 미래의 사회는 폭넓은 수학적 소양과 그것을 능동적으로 수행할 수 있는 능력을 갖출 수 있는 학습 방법의 모색이 절대적으로 필요하다. 과학이나 공학을 발달시키고 정보화 사회에 잘 적응할 수 있도록 수학 학습의 내용이 미래를 대비할 수 있는 내용으로 바뀌거나 최소한 현 사회에 적응하여 활용할 수 있는 최소한의 준비를 해야 한다. 이에 가장 가까운 학습 도구인 계산기와 컴퓨터가 수학을 학습하는데 있어서 적극적으로 활용되어야 하는 것은 너무나 당연하다.

기술 공학을 교실에 도입하려는 시도는 오래 전부터 있어 왔으나, 기술 공학을 수학교실에 본격적으로 도입하려는 시도는 1980년대부터라고 할 수 있다. 수학교육에서 계산기의 사용에 대한 직접적인 언급은 전미 수학 교사 연합회(National Council of Teachers of Mathematic: NCTM)의 「An agenda for Action」(1980)에서 다루어졌으며, 이후 NCTM(1989)의 「Curriculum and Evaluation Standards for School Mathematics」에서도 역시 '계산기는 어린이들에게 수 개념 및 패턴의 탐구와 개념 발달을 도우며, 계산에 따르는 시간을 절약하여 문제 해결 과정에 초점을 둘 수 있게 하는 등 수학 학습의 질적 향상을 위해서 계산기가 활용되어야 한다.' 고 주장하고 있다. 또 「Principles and Standards for School Mathematics」(NCTM, 2000)에서는 새로운 세기인 21세기의 수학 교육의 방향에 대한 비전을 제시했는데 정보화의 시대에 부응할 수 있는 수학 교육을 위해서는 모든 사람들이 일정 수준의 수학적 소양을 갖출 것을 요구하고 있다. 특히 학교 수학 프로그램을 위한 지침 원리 중의 하나로 기술 공학의 원리를 들어, 수학 교수 프로그램에서 모든 학생들의 수학적 이해를 돕기 위해 공학(컴퓨터와 계산기 등)을 사용해야 하며 점차 증가하고 있는 기술 세계에서 수학을 사용하도록 학생들을 준비시켜야 한다고 제안하고 있다. 수학과 수학교육을 창의적인 인간의 활동으로 보는 Freudenthal의 수학화 이론에 기초한 현실주의 수학교육(Realistic Mathematics Education: RME)에서는 계산기의 도입도 근시안적인 안목이 아니라 전체 수학교육의 목적을 고려하고, 각 학년의 학생들이 자기 수준에서 경험적으로 현실이 되는 맥락에서 수학화를 경험할 수 있도록 하기 위한 도구로 계산기를 도입하고 있다. RME에서는 초등학교 수학교육의 계산기 관련 목표를 '통찰력을 가지고 계산기를 사용할 수 있어야 한다.' 로 제시하고, 그 단계를 도입, 심화, 통합의 과정으로 보고 있으며 연구가 매우 구체적이고 현실적이다.

최근 들어서, 학교 수학에서도 계산기를 비롯한 IT을 수학교육에 활용하려는 시도들이 꾸준하게 진행되고 있다. 미국과학재단(NSF)의 재정적인 후원을 받아서 위에 언급한 Standards의 정신이 반영된 초등수학교과서 중의 하나인 Everyday Mathematics는 유치원부터 계산기의 활용을 통한 수학교육을 실시하고 있다. Silver Burdett Ginn 출판사에서 출간된 초등수학교과서도 이를 따르고 있다. 이런 시도는 초등학교에서의 수학은 계산이 중심이 아니라 수학적 지식이 담고 있는 개념을 중심으로 그 발상을 전환하였기 때문에 가능한 것이다.

이런 강조는 우리나라의 수학교육에서도 예외가 아니다. 우리나라에서는 제 6차 초등학교 교육과정(교육부, 1993, p. 298) 수학과 교수 방법에서 '학습보조 자료로서 계산기와 컴퓨터를 고학년에서 사용하도록 한다' 고 밝히고 있으며, 제 7차 수학과 교육과정(교육부, 1997, p. 86)에서는 '수학적 계산 능력의 배양이 목표인 영역을 제외하고는 복잡한 계산, 수학적 개념 · 원리 · 법칙의 이해, 문제 해결력 향상 등을 위하여 가능하면 계산기나 컴퓨터를 적극 활용하도록 한다.' 고 하였다.

초등학교 학생들의 인지활동의 전개는 주로 구체적 조작 활동을 통하여 이루어진다는 점을 감안하여, 새로운 개념이나 내용의 학습 지도 과정에 가능한 구체적 조작 활동을 해 보일 수 있거나 학생 스스로 실험해 볼 수 있는 도구를 활용하는 것은 매우 바람직하다. 따라서 기존의 시청각 기자재 외에도 수학 활동이나 수학적 사고 실험을 구체적으로 해 볼 수 있도록 고안된 교육 기자재의 활용은 적극 권장할 필요가 있다. 특히 계산기는 초등학교에서 필요한 최소한의 계산 기능과 그 원리를 완전히 습득한 경우에는 이를 문제 해결 과정에 적절하게 활용함으로써 문제 해결 학습의 효과를 배가시킬 수 있게 된다(교육 인적 자원부, 2002. p. 14). 학생들이 문제 해결에 자신감을 갖도록 하기 위해 문제 해결의 초기 단계에서부터 성공을 경험하게 함이 중요하다. 학생들의 능력에 따라 난이도의 정도가 다른 문제를 조심스럽게 선택하여 계산기를 이용하면 이러한 목표를 달성할 수 있다. 계산기는 학생들의 자신감을 키워주는 도구로 알려져 있으며 계산기 이용이 가능할 때 학생들은 더 광범위한 문제들을 해결할 수 있다. 계산기를 학습에 활용하게 됨으로써 수학에 관심이 없던 많은 학생들이 문제 해결에 흥미를 갖고 동기를 부여받게 된다는 사실을 직시할 필요가 있다. 가끔 계산기를 사용하여 비정형 문제를 해결하는데 보통의 학생들이 두각을 나타내기도 한다.

Everyday Mathematics를 통하여 보았듯이, 미국의 경우는 수학교육계에서 강조하고 있는 점들이(예를 들어 초등수학교육에서의 계산기의 활용) 학교수학 교육과정에 반영하려는 노력들을 꾸준하게 해 오고 있다. 하지만, 우리는 제 6차 및 제 7차 수학과 교육과정에서 계산기의 활용을 교육과정 문서상에서는 강조하면서 학교교육에서는 계산기를 활용한 수학 교수 · 학습은 발생하고 있지 않다. 수학교육에 관심이 있는 몇몇 교사들이 수학 시간에 계산기를 사용하고 있는 정도이다. 많은 기성인들은 계산기를 사용하지 않고 수학을 배운 자신들의 경험에 의존하여 계산교육의 방향을 지필 계산에 국한시키는 고전적 · 편협적 사고에 젖어 있으며 계산기나 컴퓨터 등 기술 공학적 도구를 사용한 계산 경험의 부족과 지필 계산 방법에 대한 가치와 매력에 대한 집착 등으로 인하여 학습의 도구로써 계산기 사용에 대해 부정적인 인식이 지배적이다. 쉬운 예로 교육부에서 발간하고 있는 수학교사용 지도서와 교과서에도 계산기 활용에 대한 구체적인 내용이 없으며, 그저 총론 부분의 선언적 수준에 머물고 있음을 들 수 있다. 따라서 계산기 활용의 문제점으로 지도 자료의 부족과 어떤 부분에서 어떻게 사용해야 하는지에 대한 안내 부족을 들 수 있다. 수학교육에 계산기를 효과적으로 활용하기 위해서는 무엇보다도 먼저 실질적으로 도움이 될 수 있는 자료의 개발이 필요하다.

따라서 본 교재에서는 수개념 학습, 암산 기능 개발, 문제 해결, 자릿값 개념의 정착, 게임 등의 학습에 계산기를 활용할 수 있는 자료를 개발하여 현장에 있는 교사들이 쉽게 활용할 수 있게 하고자 한다.

utilization of calculating machine
elementary mathematics education

SECTION 2

계산기의 종류

우리 주변에서 흔히 볼 수 있는 계산기는 일반용 계산기이다. 이와 달리 수많은 버튼을 가지고 있는 계산기는 공학용 계산기이다. 근래에는 컴퓨터 작업을 많이 하기 때문에 윈도우의 보조프로그램인 '계산기'를 많이 사용하며, 휴대폰의 편의기능으로 '계산기'를 많이 활용한다.

일반용 계산기는 숫자버튼, 연산자버튼, 메모리기능 버튼, 지우기 버튼과 같은 간단한 버튼들로 구성되어 있으며, 사칙연산을 할 때 주로 사용하게 된다. 일반용 계산기는 사칙연산과 같은 기본계산 이외에도 자체적으로 가지고 있는 몇 가지 기능들이 있다. 어림연산(올림, 버림, 반올림), 상수 기능, % 기능, 메모리 기능, 루트 기능 등을 수행할 수 있다.

공학용 계산기는 일반 계산기의 기능에 삼각함수, 분수 계산, 로그지수함수, 통계 계산 등 여러 가지 수학적 기능을 첨부하여 다양한 기능을 수행할 수 있도록 만든 계산기이다. 공학용 계산기에도 표 및 그래프를 나타낼 수 있는 계산기, 변수 및 함수를 기능을 이용할 수 있는 계산기 등 기술의 발달에 따른 다양한 계산기들이 등장하였다.

초등학교에서는 일반용 계산기의 기능만으로도 충분히 교육적 활용이 가능하며, 공학용 계산기의 다양한 기능은 복잡함으로 인해 교육적 효과를 반감시킬 수도 있기에 일반용 계산기의 사용을 권장한다. 그런데, 일반용 계산기에는 없지만 공학용 계산기에 있는 기능 중 초등학교에서 유용하다고 보이는 기능이 분수 계산의 기능이다. 분수 기능을 이용하여,

분수의 연산이 가능할 뿐만 아니라, 분수와 소수 사이의 변환을 자유자재로 이용할 수 있는 장점이 있다. Texas Instruments사에서는 이러한 교육적 요구에 부응하여 초등학교에서 활용을 목적으로 한 초등학교 학습용 계산기 TI-15를 개발하였다.

〈그림 1〉 TI-15

근래에는 계산기를 직접 사용하기 보다는 Windows에 설치된 보조프로그램인 '계산기(calc.exe)' 프로그램이나 휴대폰의 계산기 기능을 이용하는 경우가 많다. Windows의 계산기 프로그램은 일반용과 공학용을 제공하고 있다. 그런데, 계산기 프로그램의 경우 기본 계산 및 기능이 일반용 계산기와 공학용 계산기의 기능을 가지고 있지만, 몇 가지 기능에서 약간의 차이를 나타내고 있다.

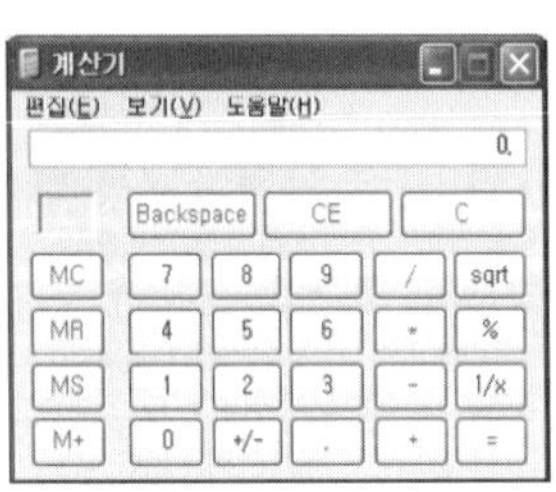

휴대폰의 계산기 기능은 휴대폰의 종류에 따라 사용방법에 차이가 있지만, 대체로 일반

용 계산기의 사용방법과 차이점이 나타난다. 5×2−3×3의 식을 일반계산기에 5 × 2 − 3 × 3 = 라고 입력하면 21이 나온다. 이것은 일반용 계산기의 경우 혼합계산에서 연산기호의 우선 순위를 인식하지 못하고 입력된 순서에 의해서 계산을 하기 때문이다. 그러나, 휴대폰의 계산기 기능에서는 5×2−3×3라는 식을 입력하고, Enter↵에 해당하는 버튼을 누르면 혼합계산의 계산 방식을 인식하여 1이라는 답을 얻을 수 있게 된다. 이는 공학용 계산기에서 식을 입력하여 계산하는 방식과 같다.

utilization of calculating machine
elementary mathematics education

× − ÷ + √ =

계산기의 기능

3
SECTION

1. 일반용 계산기

일반용 계산기에는 ( ) 가 없다. 혼합계산에서 덧셈과 뺄셈을 우선으로 계산해주기 위해 필요로 하는 기호가 없는 셈이다. 즉, 일반용 계산기에서는 사칙연산의 우선 순위에 따르지 않고 입력한 순서에 의해 계산이 된다.

식 : 5×2−3×3

계산기 입력 : 5 × 2 − 3 × 3 =

주어진 식의 계산 결과는 1 이어야하지만, 계산기의 결과는 21이 나온다. 공학용 계산기나 몇몇 휴대폰의 계산기능에서는 5×2−3×3의 식을 입력할 때까지 계산을 수행하지 않고 있다가 마지막에 = 의 버튼을 누를 경우 한꺼번에 계산이 된다. 그러나, 일반용 계산기에서는 = 에서만 계산 되는 것이 아니다. + − × ÷ 와 같은 연산자 속에 '=' 이 포함되어 있다. 5 × 2 를 입력한 후 − 를 누를 경우, 일반용 계산기에서는 '=' 과 '−' 로 인식하게 된다. 따라서, 5 × 2 의 계산 결과인 10을 구해놓고 다음 연산인 '−' 를 준비하고 있는 셈이다. '10 − ' 가 준비된 상태에서 3 을 입력한 후, 이어서 × 를 입력하면 계산기는 10−3 '=' '×' 라고 인식하게 된다.

계산기 입력 : 5 × 2 - 3 × 3 =

계산기의 인식 : 5 × 2=- 3=×3 =

1) 상수기능

일반용 계산기에는 상수기능이 숨어있다. 상수기능은 어떤 연산을 수행할 때 같은 연산이 반복된다면 = 를 이용하여 간단히 연산 작업을 수행할 수 있는 기능이다. 예컨대, 13+10=23을 계산하였을 때, 이어서 18+10을 계산하고자 한다면 1 8 = 만 누르면 된다. '13+10=' 을 입력할 때 사용된 '+10' 이 상수가 되어 '=' 속에 기억이 되는 것이다. '18=' 이 '18+10=' 로 계산되는 것이다.

계산기 입력 : 1 3 + 1 0 =   1 8 =   3 2 =

계산기 결과 : 23   28   42

계산기 인식 : 13+10=23   18+10=28   32+10=42

상수기능은 - 연산 기호에도 동일한 방법으로 적용된다.

계산기 입력 : 1 3 - 1 0 =   1 8 =   3 2 =

계산기 결과 : 3   8   22

계산기 인식 : 13−10=23   18−10=28   32−10=42

상수기능을 이용하게 되면 = 만 누르고도 자연수의 수세기, 뛰어 세기, 거꾸로 세기 등 다양한 방법의 수세기의 보조도구로 활용이 가능하다.

자연수의 수세기 : + 1 = = = = …

계산기 결과 : 1 2 3 4 …

짝수의 수세기 : + 2 = = = = …

계산기 결과 : 2 4 6 8 …

10부터 3씩 뛰어 세기 : 1 0 + 3 = = = = …

계산기 결과 : 13 16 19 22 …

20부터 4씩 거꾸로세기 : 2 0 − 4 = = = = …

계산기 결과 : 16 12 8 4 …

곱셈의 상수기능은 덧셈, 뺄셈과는 조금 다르다. 예컨대, '4×5=20' 을 계산한 후, 1 0 = 을 입력하면 몇이 나올까? 덧셈과 뺄셈과 같은 형태로 상수기능이 이루어지면 '50' 이 나와야할 것이다. 그런데, '40' 이 나온다. '4×5=20' 에서 '×5' 을 기억하고 있는 것이 아니라, '4×' 를 기억하고 있는 것이다.

계산기 입력 :	4 × 5 =	1 0 =	3 3 =
계산기 결과 :	20	40	12
계산기 인식 :	4×5=20	4×10=40	4×3=12

곱셈의 상수기능을 이용하여 = 를 누르게 되면 거듭제곱을 손쉽게 나타낼 수 있다.

거듭제곱 : 2 × = = = = …

계산기 결과 : 4 8 16 32 …

계산기에서 2 × = 을 누르면 '4' 가 나오지만 × 2 = 을 누르면 '0' 이 나온다. 따라서, 덧셈이나 뺄셈처럼 연산자를 먼저 나오게 하면 '0' 만 나오게 된다.

나눗셈의 상수기능은 곱셈과 또 다르다. 40÷5=8를 계산한 후, 1 0 = 를 입력하면 '10÷5' 가 계산되어 '2' 가 계산 결과로 나오게 된다. 상수로 기억되는 수와 연산기호는 '40÷' 가 아니라 '÷5' 이다. 이는 덧셈, 뺄셈의 기능 방식와 유사하며 곱셈과는 다른 것이다.

계산기 입력 : 1 2 ÷ 4 =   2 0 =   3 2 =

계산기 결과 : 3   5   8

계산기 인식 : 12÷4=3   20÷4=6   32÷4=4

나눗셈의 상수기능을 이용하여 를 계속 누르면 어떻게 되는지 알아보자.

1 0 2 4 ÷ 2 =	=	=	=	=
512	256	128	64	32
1024÷2	512÷2	256÷2	128÷2	64÷2

덧셈, 뺄셈, 곱셈, 나눗셈의 상수기능에서 이용되는 상수의 위치가 곱셈의 경우만 다르다는 것을 알아보았다. 그런데, (연산자)(숫자)(등호) 순서로 입력할 때와 (숫자)(연산자)(등호)의 순서로 입력할 때도 약간의 차이를 보인다.

	(연산자)(숫자)(등호)	(숫자)(연산자)(등호)
덧셈	+ 5 = = 0+5=5 5+5=10	5 + = = 0+5=5 5+5=10
뺄셈	− 5 = = 0−5=−5 −5−5=−10	5 − = = 0−5=−5 −5−5=−10
곱셈	× 5 = = 0×5=0 0×5=0	5 × = = 5×5=25 25×5=125
나눗셈	÷ 5 = = 0÷5=0 0÷5=0	5 ÷ = = 1÷5=0.2 0.2÷5=0.04

2) % 기능

10%를 소수로 나타내면 0.1이다. 그렇다면, 계산기로 1 0 % 을 누르면 0.1이라고 나

올까? 그렇지 않다. 10이 나온다. 상황 속에서 '10% 할인해 줍니다.' 가 독립적으로는 의미가 없다. 기준이 제시되어야 한다. '2000원의 10%를 할인해 줍니다.' 와 같이 기준을 제시해 주어야만 '%' 가 의미가 있다.

'2000원의 10%' 를 구하려면 2 0 0 0 × 1 0 % 를 눌러야 한다. 'a의 b배' 를 수식으로 나타낼 때, a×b가 되는 형식과 같다.

200의 20% : 2 0 0 × 2 0 % (결과 : 40)

50의 120% : 5 0 × 1 5 0 % (결과 : 75)

'기준× 몇%' 와 같은 형식으로 계산기의 버튼을 누르지 않는다면, 어떻게 계산되는지 알아보자. 1 0 % 만 누르게 되면, 0.1이 나오는 것이 아니라 10이 나온다. 2 5 % 를 누르면, 25가 나온다. '3의 10%' 를 계산하기 위해, 1 0 % × 3 = 와 같이 10%와 3을 교환하여 계산하면, 0.3이 나오지 않고 30이 나온다. 1 0 % + 3 = 을 누르면 13이 나오게 된다. 이것은 무엇을 의미하는가? '%' 버튼은 다른 연산자 기호 '+,−,×,÷' 를 먼저 누르지 않으면 아무런 기능을 하지 않는다는 의미이다. 즉, 20×10%, 20÷10%, 20+10%, 20−10%와 같이 사용될 때 '%' 의 기능을 수행한다.

'전체 학생 24명 중에 남학생이 6명일 때, 남학생의 비율을 백분율로 구하시오.' 라는 문제를 해결하는 경우를 생각해보자. 6÷24=0.25에서 백분율(%)로 나타내기 위해서 100을 곱한다. 이때, % 를 이용하면 쉽게 구할 수 있다. 6 ÷ 2 4 % 를 누르면 25가 나온다. 25는 남학생의 비율을 백분율로 나타낸 값이 된다.

36에 대한 27의 백분율 : 2 7 ÷ 3 6 % (결과 : 75)

12에 대한 18의 백분율 : 1 8 ÷ 1 2 % (결과 : 150)

%를 +, - 와 함께 사용하면 어떻게 되는지 알아보자. □ + □%를 50+20%로 예를 들면, 이 식은 50과 20%를 더하는 것이다. 50은 자연수이고 20%는 비율이기 때문에 더할 수 없다. 이때, 20%는 어떤 값의 20%가 되냐면 50의 20%가 되는 것이다. 따라서, 50+20%는 50에 50의 20%인 10을 더해 60이 된다. 이를 식으로 풀이하면 50+20%는 50+ 50×20%로 해석하게 되는 것이다. 같은 방법으로 50-20%는 50에서 50의 20%인 10을 빼는 것이고 계산 결과는 40이 나오게 된다. 결국, 50+20%는 50의 100%에 50의 20%를 더한 값이고, 50-20%는 50의 100%에서 50의 20%를 뺀 값이 되는 셈이다.

1200원에서 10%가 추가된 값 :

1 2 0 0 + 1 0 % (결과 : 1320)

또는 1 2 0 0 × 1 1 0 % (결과 : 1320)

1200원에서 10%가 할인된 값 :

1 2 0 0 - 1 0 % (결과 : 1080)

또는 1 2 0 0 × 9 0 % (결과 : 1080)

40의 10%를 구하기 위해 4 0 × 1 0 % 을 누른 후, = 를 더 누르게 되면 어떤 현상이 나타날까? 160이 나온다. 4 0 × 1 0 % 를 눌러 계산기 값이 4가 나온 상태에서 = 을 한번 더 누르면, 40×10%의 40×가 상수가 되어 계산값 4에 곱해지게 된 것이다. = 를 누른 것은 계산기의 상수기능을 수행하게 되는 결과이다. 이때, = 을 한 번 더 누르게 되면 어떻게 될까? 계산결과 160에 상수 40×가 다시 계산되어 6400이 나오게 된다. 즉, 4 0 × 1 0 % 을 눌러 4를 구했을 때, % 을 누른 것은 '=' 도 누른 효과가 포함이 되어 있다고 보아야 할 것이다.

3) 메모리기능

일반용 계산기의 단점은 계산이 입력 순서로 이루어지기 때문에 혼합계산을 할 수 없다는 점이다. 이러한 단점을 보안하기 위해서 계산기에 메모리기능을 가지고 있어 간단한 혼합계산을 할 수 있도록 하였다.

혼합계산식은 연산자 +, −로 구분된 다항식으로 되어 있다. (예, 3×5+6÷2−3) 다항식이 +과 −으로 항이 구분되어 있기 때문에 어느 항은 전체 값을 증가시키게 되고, 어느 항은 전체 값을 감소시키게 한다. 전체 값을 증가시키는 값은 증가의 기억 장소에 계속해서 넣고, 전체 값을 감소시키는 감소의 기억 장소에 계속해서 넣은 후 마지막에 한 번에 정리를 해주면 된다. 위 기능을 수행하기 위해서는 기본적으로 3가지의 키가 필요하겠다. 증가의 기억 장소에 넣어주는 키, 감소의 기억 장소에 넣어 주는 키, 두 기억장소의 값들을 정리해서 한 번에 보여주는 키가 필요하다. 그리고, 기억 장소의 내용을 지워주는 키도 필요하므로 모두 4개의 키가 필요하겠다. 계산기의 M+ 는 증가의 기억 장소에 담는 키, M- 는 감소의 기억 장소에 담는 키, MR 는 정리해서 보여주는 키, MC 는 기억 장소의 수를 지워주는 키가 된다.(계산기에 따라서는 MRC 의 키가 있어 한 번 누르면 보여주는 기능, 또 한 번을 누르면 기억장소에서 삭제하는 기능을 수행하는 경우가 있다.)

12×5+36÷4−5×3의 계산을 예로 들어보자. 이 식은 12×5 , 36÷4, 5×3의 세 개의 항으로 되어 있다. 12×5 , 36÷4은 전체의 값을 증가시키는 값이고, 5×3은 전체의 값을 감소시키는 값이다. 12×5를 계산하기 위해서는 계산기에 1 2 × 5 = 를 입력해야 한다. 그리고, 여기에서 나온 값 60을 증가의 기억장소에 넣기 위해 M+ 을 누른다. 여기까지가 하나의 항을 기억장소에 넣은 것이다. 다른 항도 같은 방법으로 진행한다.

12×5+36÷4−5×3의 계산 :

첫째 : 1 2 × 5 = M+ (결과 : 60)

둘째 : 3 6 ÷ 4 = M+ (결과 : 9)

셋째 : 5 × 3 = M+ (결과 : 15)

넷째 : MR (결과 : 54)

메모리기능을 수행하기 전에 MC를 먼저 누르고 시작하는 것이 좋다. 기억장소를 0으로 초기화시켜 놓고 시작해야 계산에 실수가 발생되지 않는다. 그리고, 메모리기능이 실행될 경우에는 계산기 화면에 'M' 또는 ' MEMORY' 라는 표시를 하고 있으므로 확인해야 한다. 또한, MR 을 눌러 계산 결과를 확인할 때, MR 을 누르고 = 은 누르지 않는다. = 을 누르는 순간 상수기능이 실행되어 예상치 못한 값으로 나올 수 있다. 메모리 기능을 이용할 경우에는 =를 실수로 눌러 상수 기능이 실행되어도 원래 값을 찾을 수 있다. 계산에서 원하는 것은 기억장소에 있는 값이므로 = 을 실수로 눌렀다고 하더라도 기억장소에 입력되지는 않는다. 따라서, MR 을 눌러 주면 기억장소의 값을 다시 불러 올 수 있다.

메모리기능은 덧셈과 뺄셈이 섞여있는 자연수의 계산에서도 유용하게 활용될 수 있다.

5+7−2+8−4의 계산

5 M+ 7 M+ 8 M+ 4 M- MR (결과 : 14)

몇몇의 계산기에는 메모리의 기능을 수행하는 키로 GT가 있다. GT는 grand total의 약자로 '총합계' 의 의미를 가지고 있다. GT 는 메모리 키중 M+ 과 비슷한 역할을 한다. 계산한 한 후에 M+ 을 누르면 메모리에 계산값이 저장되는 것과 마찬가지로 GT 를 누르면 메모리에 저장이 되는 것이다. M+ 은 MR 를 눌러야만 기억장소의 계산값을 볼 수 있지만, GT 는 계산기 화면에 보이는 값이 그대로 계산 결과가 된다. GT 를 이용하고 있는 상태에서는 계산기 화면에 GT나 grand total이라는 표시가 나타난다.

$3\times5 + 4\times6 + 6\div3 =$

3 × 5 = GT 4 × 6 = GT 6 ÷ 6 = GT

또는 3 × 5 = M+ 4 × 6 = M+ 6 ÷ 6 = M+ MR

그러나, M+ M- GT 를 사용할 때 주의할 점이 있다. 혼합계산 중 자연수만 더할 경우이다.

자연수를 입력한 후 = 를 누르면 상수기능이 수행되어 원하는 계산을 할 수 없다는 점이다.

10×2+5의 계산

1 0 × 2 = GT　5 =　GT

결과　20　50　70 오답

1 0 × 2 = M+　5 = M+　MR

결과　20　50　70 오답

위의 두 가지 경우는 5 = 을 눌렀을 때 상수기능이 수행되어 50이라는 수가 나온 것이다. 이러한 문제를 없애기 위해서는 자연수 5 을 누른 후 5 누르지 않아야 한다. 이때, M+ 을 누를 때와 GT 를 누를 때 약간의 차이가 나타난다. M+ 은 = 을 누르지 않아도 상관없지만, GT 는 입력한 값 5를 없애버린다.

10×2+5의 계산

1 0 × 2 = M+　5 M+　MR

결과　20　5　25

1 0 × 2 = GT　5　GT

결과　20　5　20 오답

결국, GT 를 사용하고, 자연수를 입력하게 될 때 = 를 눌러도 누르지 않아도 문제가 발생하게 된다. 따라서, 자연수만을 입력하려면 × 1 을 눌러주는 편법을 써야한다.

10×2+5의 계산

1 0 × 2 = GT　5 × 1 = 　GT

결과　20　5　25

4) 제곱근, 역수, +/−

√ 는 제곱근을, 1/x 는 역수를 구하기 위한 키이다. +/− 는 주어진 값의 부호를 양수 또는 음수로 바꾸어 주기 위한 키이다. 이들 키는 수를 입력한 후 눌러주어야 원하는 값을 얻을 수 있다.

9의 제곱근 :	9 √	결과	3
$\sqrt{16}+12$:	1 6 √ + 1 2	결과	16
$\sqrt{5+4}$:	5 + 4 = √	결과	3
$5+\sqrt{4}$:	5 + 4 √ =	결과	7

8의 역수 :	8 1/x	결과	0.125
$\frac{2}{5}$ 의 역수 :	2 ÷ 5 = 1/x	결과	2.5
5의 음수 :	5 +/−	결과	−5
5×(−3)의 계산 :	5 × 3 +/− =	결과	−15

$9\times\sqrt{4}$ 를 계산하기 위해 9 × √ 4 = 를 눌러야 한다. 그런데, $\sqrt{4}$ 를 '루트 사' 라고 흔히 읽기 때문에 √ 4 라고 잘못 누르면 어떻게 계산이 될까? 계산 결과는 36이라는 이상한 수가 나온다.

9 × √ 4 =

9　16　3　4　36

√ 속에는 '=' 기능이 숨겨져 있다고 보아야 한다. '=' 을 눌러서 3이 구해진 것이다. 그 후에 '4' 와 '=' 를 누른 것은 곱셈의 상수기능이 수행된 것이다. 앞서 곱셈의 상수기능에서 보았듯이 'A×B=' 을 누른 후 'C=' 를 누르면 'A×C=' 의 값이 나오는 것이 곱셈의 상수 기능이었던 것이다. 따라서, 4 = 를 누른 것은 앞서 9 × 의 상수와 함께 계산이 되어 36이 나오게 된 것이다.

5) 지움기능

입력한 내용을 지우기 위한 키로 계산기에는 AC CE C 가 있다. C 가 없는 계산기도 있으나, AC 와 CE는 대부분의 계산기가 가지고 있는 키이다. AC 는 모든 것을 지우고 기억장소의 값도 0으로 초기화시키는 키이다. CE 는 연산기호 및 기능키를 누른 후에 수입력 중 잘못 입력한 수를 지우기 위한 키이다. 예컨대, '45+52' 를 계산하기 위해 4 5 + 를 먼저 입력하였다. 그후에 2 5 를 눌렀다면 잘못 누른 것이다. 이때, CE 을 누르면 계산기 화면의 숫자는 0으로 바뀌고, 5 2 를 새롭게 넣어도 '45+' 는 그대로 남아있어 계속해서 계산을 할 수 있다.

'45+52' 를 계산하기 위해, 4 5 + 을 누른 후 2 5 를 입력하고, C 를 눌러보자. 계산기 화면은 0이 된다. 그런데, = 을 누르면 계산기 화면에 25가 그대로 있다. 이미 입력하였던 '45+' 가 사라진 것이다. C 도 AC 와 같은 기능을 수행한 것이다. 그렇다면, C 와 AC 는 같은 기능인가? C 의 기능은 메모리기능을 이용할 때 효력을 발휘한다. '4×5+6×2' 를 계산하기 위해서 메모리기능을 이용한다고 해보자. 4 × 5 = M+ 을 먼저 입력해야 한다. 그리고, 6 × 3 을 눌렀다. 2를 눌러야 할 것을 잘못 눌러 3을 누른 것이다. 여기서 3을 지우기 위해 CE 을 눌러야 한다. 그런데, 실수를 다시 하여 4 를 눌렀고 = 까지 눌러 24라고 구했다. 이때, CE 를 눌러도 계산된 값 24는 지워지지 않는다. CE 키는 입력된 수만 지우기 때문이다. AC 를 누르면 어떻게 되는가? 앞서 메모리에 넣어 놓았던 '4×5' 의 값도 모두 지워지게 된다. 이때, C 를 사용하게 되면 잘못 계산된 '6×4' 의 값을 지울 수 있게 되는 것이다.

4×5+6×2의 계산

'3 지우기' ↓ '6×4 지우기' ↓

4 × 5 = M+ 6 × 3 CE 4 = C 6 × 2 = M+ MR

20 36 6 3 0 4 24 0 12 32

2. 공학용 계산기

일반용 계산기에서 2+3+4를 계산하면 2 + 3 을 누른 후 + 을 누르는 순간 '2+3' 의 계산 값이 구해진다. 연산자 버튼 + 의 속에는 '=' 와 '+' 가 함께 있어, 순차적으로 계산이 되는 것이다. 그러나, 공학용 계산기에서는 = 를 누르기 전까지는 계산이 되지 않고 버튼을 누른 순서에 의해 계산되지 않으며 혼합계산식의 원리에 맞추어 계산이 된다. 5×2−3×3을 일반용 계산기에서 계산하면 21이 나오지만, 공학용 계산기에서는 1이 나온다. 또한, 공학용 계산기는 입력창에 자신이 입력한 버튼의 내용이 모두 나오기 때문에 수정 및 확인이 용이하다.

공학용 계산기에서도 Ans(앤서)기능이라고 하여 일반용 계산기와 같은 방식으로 계산할 수 있다. 공학용 계산기에서 5×2−3×3의 계산을 일반용 계산기와 같은 방식으로 계산하려고 한다면, 5 × 2 = − 3 = × 3 = 와 같이 누른다. 공학용 계산기에서도 = 을 누르게 되면 그때까지 계산된 값이 기억되기 때문이다. '5×2=' 을 계산한 계산기는 기억장소에 '10' 을 기억하고 답으로 10을 보여준다. 다음으로 연산자 '−' 는 기억된 '10' 에서 '3' 을 빼게 되는 것이다. = 을 누르면 '10−3=7' 을 계산하게 되고, × 3 = 에 의해 '7×3=21' 이 계산되는 것이다.

Ans기능을 이용하면 공학용 계산기에서도 일반용 계산기에서 활용되었던 상수 기능을 이용할 수 있다. 공학용 계산기에서 5 + 3 = 을 계산한 후, 아무리 = 를 여러 번 누르더라도 계산값 '8' 는 변하지 않는다. 이때, 5 를 입력한 후 = 을 눌러보자. 계산 결과는

'5' 가 나온다. 아무런 연산을 하지 않았기 때문에 5가 그대로 나온 것이다. 그러나, 보이지 않는 기억장소에는 '5' 가 삽입이 되었다. '5' 가 기억장소에 기억된 Ans가 된 것이다. 계속해서, + 3 = 을 누르면 Ans에 3이 더해져 '8' 이 나온다. 이때, 입력 창을 보게 되면 'Ans+3' 이 나와있다. 기억된 값 Ans에 3을 더한다는 의미이다. 그래서, '8' 답으로 나오게 되고 Ans에는 8이 기억된다. 다시, = 을 누르면 'Ans+3' 이 수행된다. Ans의 값은 '8' 로 변했기 때문에 계산 값은 '11' 이 나오게 된다. 이와 같이 = 을 누를 때마다 'Ans+3' 이 수행이 되고 계산 값에 계속해서 상수 3을 더하는 기능이 수행된다. 이것이 공학용 계산기에서 수행되는 상수기능이다.

5+5+5+5+5 :

5 = + 5 = = = =

5 10 15 20 25

계산기 화면에 'Ans−2' 는 '−2' 로 뺄셈 상수 기능이, 'Ans×2' 는 '×2' 로 곱셈 상수 기능이, 'Ans÷2' 는 '÷2' 로 나눗셈 상수 기능이 수행된다. 공학용 계산기에서는 = 을 누를 때마다, 연산자 후에 들어간 수가 상수의 역할을 수행한다. 그런데, 'Ans×2' 는 곱셈 상수 기능은 일반용 계산기와는 다르다는 것을 알 수 있다. 일반용 계산기에서는 5 × 3 = 을 누른 후, = 을 계속해서 누르게 되면 곱셈 연산자 앞에 있는 '5' 가 상수가 되어 값에 계속해서 5를 곱해간다. 곱셈에서만은 공학용 계산기와 일반용 계산기의 상수 위치가 다른 것이다. 공학용 계산기에서는 혼동할 가능성이 적다. 계산기 입력 화면에 'Ans×3' 이라는 것이 나타나기 때문에 기억된 값에 3을 계속해서 곱하는 것을 알 수 있다. 혼란스러운 것은 5 × 3 = 를 눌렀을 때, 상수가 5가 되는 일반용 계산기에서이다.

공학용 계산기에서 %의 기능도 일반용 계산기와는 다르다. 일반용 계산기에서 1 0 % 만 누르게 되면 '10' 이라는 수가 나왔다. '%' 의 어떤 기능도 수행하지 않았다. 그러나, 공학용 계산기에서는 '0.1' 이 나온다. '%' 만으로도 연산을 수행한 것이다.

수식	일반용 계산기가 인식하는 수식	공학용 계산기가 인식하는 수식
40×10%	40×0.1	40×0.1
40÷10%	40÷0.1	40÷0.1
40+10%	40+40×0.1	40+0.1
40−10%	40−40×0.1	40−0.1
10%+40	10+40	0.1+40
10%×40	10×40	0.1×40

공학용 계산기에서는 Ans(앤서)기능, 변수기능, M기능을 이용하여 메모리를 이용한 계산을 할 수 있다.

Ans(앤서)기능은 앞서 설명한 듯이 계산한 값을 메모리에 저장하는 것으로 일반계산기의 효과를 낼 수 있다.

공학용 계산기에서 보통 계산

4×5−3×2 : 4 × 5 − 3 × 2 = (결과 : 14)

Ans기능 이용 :

4×5−3×2 : 4 × 5 = − 3 = × 2 = (결과 : 34)

변수기능은 여러 가지 변수에 수치를 입력하여 이용할 수 있는 기능이다. M기능도 공학용 계산기에서는 변수 M에 수치를 입력한 것으로 볼 수 있다. 그런데, 변수 M을 사용하는 것은 일반용 계산기의 M 기능을 활용할 수 있으므로 특별하다. 공학용 계산기에서도 M+ M- 를 이용하여 M 기능을 이용한 계산을 할 수 있다. 공학용 계산기에서 M 기능을 이용할 때 주의할 점이 있다. 전원을 off하더라도 M 메모리 속에 들어있는 값은 지워지지 않는다는 점이다. 또, AC 버튼을 누르더라도 M 메모리 속의 값은 지워지지 않는다. M 메모리 속에 어떤 값이 입력되어 있다면, 화면 상단에 'M' 이라는 표시가 나오므로 'M' 속의 값을 0으로 만들고 M 기능을 이용하면 된다. 공학용 계산기에서는 일반용 계산기 처럼 MC와 같은 버튼이 없는 경우가 있으므로 계산기에 따라 적절히 대처한다.

공학용 계산기는 여러 기능을 담고 있어, 행렬, 미적분, 방정식, 복소수 계산까지도 실행할 수 있으나 초등학교에서 활용할 수 유용한 기능은 분수를 입력할 수 있다는 점이다. 계산기로 분수를 나타낼 수 있으므로, 분수의 사칙연산 및 분수와 소수의 계산도 할 수 있다. 일반용 계산기에서 분수를 소수로 나타내고 싶은 경우, 나눗셈 연산을 시도하는데 반하여 공학용 계산기에서는 분수를 소수로, 소수를 분수로 나타낼 경우 버튼 조작하나로 변환할 수 있다.

3. 윈도우 계산기

윈도우 계산기도 일반용 계산기와 동일한 기능을 수행할 수 있으나 사용법에 몇 가지 차이가 있다.

상수기능에서 +, −, ÷은 일반용 계산기와 동일하다. 그런데, × 연산의 경우는 상수로 기억되는 값이 일반용 계산기와 다르다. 일반용 계산기에서 4×5=20을 계산한 후 곱셈 상수 기능을 이용하려면, 상수로 기억되는 부분이 '4×' 부분이었으나 윈도우 계산기에서는 '×5' 부분이 기억이 된다.

일반용 계산기

계산기 입력 :	4 × 5 =	1 0 =	3 =
계산기 결과 :	20	40	12
계산기 인식 :	4×5=20	4×10=40	4×3=12

윈도우 계산기

계산기 입력 : [4][*][5][=] [1][0][=] [3][=]

계산기 결과 : 20 50 15

계산기 인식 : 4×5=20 10×5=50 3×5=15

일반용 계산기		윈도우 계산기	
입력	결과	입력	결과
3 + 2 = = =	5, 7, 9	3 * 2 = = =	5, 7, 9
3 − 2 = = =	1, −1, −3	3 − 2 = = =	1, −1, −3
3 × 2 = = =	6, 18, 54	3 * 2 = = =	6, 12, 24
3 ÷ 2 = = =	1.5,0.75,0.375	3 / 2 = = =	1.5,0.75,0.375

%의 기능은 아래의 표와 같이 일반용 계산기의 기능과 많은 차이가 나타난다.

일반용 계산기		윈도우 계산기	
입력	결과	입력	결과
1 0 %	10	1 0 %	0
5 0 × 1 0 %	5	5 0 * 1 0 %	5
5 0 ÷ 1 0 %	500	5 0 / 1 0 %	5
5 0 + 1 0 %	55	5 0 + 1 0 %	5
5 0 − 1 0 %	45	5 0 − 1 0 %	5
5 0 × 1 0 % =	250	5 0 * 1 0 % =	250
5 0 ÷ 1 0 % =	50	5 0 / 1 0 % =	10
5 0 + 1 0 % =	105	5 0 + 1 0 % =	55
5 0 − 1 0 % =	−5	5 0 − 1 0 % =	45

'50의 10%'를 계산하기 위해서 일반용 계산기는 [5][0][×][1][0][%] 와 같이 윈도우용 계산기는 [5][0][*][1][0][%] 와 같이 누르면 두 계산기는 차이 없이 '5' 라는 결과가

나온다. 그런데, 윈도우용 계산기에서 [5][0][*][1][0][%] 의 [*]버튼 대신 [/], [+], [-]를 넣어 계산해도 결과는 '5' 가 나온다.

특히, '=' 을 눌렀을 경우, 일반용 계산기와 윈도우 계산기의 결과는 차이가 많이 난다. '50의 10%' 를 계산하기 위해 5 0 × 1 0 % 를 누르면 되지만, '=' 를 한 번 더 눌러 5 0 × 1 0 % = 와 같이 버튼을 누르면, 5 0 × 1 0 %의 값에 '×50' 이 상수기능으로 작용하여 50의 10%인 5에 '×50' 가 적용되어 '250' 이 되는 것이다. 5 0 ÷ 1 0 % = 에서는 '÷10' 이, 5 0 + 1 0 % = 는 '+50' 이, 5 0 − 1 0 % = 에서는 '−50' 이 상수기능으로 작용한다. 연산의 종류에 따라 곱셈인 경우에는 연산자 앞의 수가, 나눗셈에서는 연산자 뒤의 수가, 덧셈과 뺄셈에서는 연산자 앞의 수가 상수기능의 상수로 적용이 되고 있는 것이다. '일반용 계산기에서는 규칙이 없는 것과는 달리, 윈도우 계산기에서는 일정한 규칙을 가지고 상수기능이 적용된다. [5][0][*][1][0][%][=]의 경우, 50에 '50의 10%' 인 '5' 을 곱해 '250' 을 구한다. 그리고, '=' 을 계속해서 누를 경우 '×5' 가 상수기능으로 적용된다. [5][0][/][1][0][%][=] 에서는 50을 '50의 10%' 인 '5' 로 나누어 '10' 이라는 결과를 얻는다. 그리고, '÷5' 가 상수기능에 적용된다. 연산자 뒤의 수가 상수기능으로 적용이 되고 있는 셈이다. 마찬가지 방법으로 [5][0][+][1][0][%][=]는 50+5=55, [5][0][-][1][0][%][=]는 50−5=45가 나온다. 윈도우 계산기에서 상수기능 및 %의 기능은 연산에 관계없이 동일한 규칙으로 적용되고 있음을 알 수 있다.

메모리 기능을 수행하기 위해 윈도우 계산기에서는 [MR][MC][M+][MS]버튼을 제공한다. 일반용 계산기와 동일하게 [MR]는 메모리에서 계산된 값을 보여주고, [MC]는 메모리의 값을 없애주고, [M+]는 현재 계산된 값을 메모리의 값에 더해주는 역할을 수행한다. 그러나, 윈도우 계산기에서는 M-와 같이 현재 계산된 값을 메모리에서 빼주는 역할을 해주는 버튼이 없다. 따라서, M-와 같이 메모리의 값에서 현재 계산한 값을 빼주기 위해서는 현재 계산된 값에 [+/-]을 눌러 부호를 바꾼 후 [M+]로 더해주는 방법을 이용해야 한다. [MS]는 현재 숫자 표시 부분에 나와 있는 값으로 메모리 값을 바꾸어주는 역할을 한다. 메모리에 값이 100이 있고, 계산기 숫자 표시부분에 8이 있을 때 [MS]을 누르면, 메모리의 값 100은 사라지고 8이 입력되는 것이다.

4. 다른 일반용 계산기

기초적인 연산기능은 어떤 계산기라도 동일한 기능을 수행하지만, 상수 기능, % 기능, 메모리 기능을 수행하기 위한 방법은 계산기가 종류에 따라 조금씩 다른 것을 알 수 있었다. 이와 마찬가지로, 종류가 같은 일반용 계산기라고 하더라도 제조회사에 따라 기능을 수행하는 방법이 다르다. 특히, 현재 우리나라에서 가장 많은 기종을 출시하고 있는 CASIO의 일반용 계산기의 경우 상수기능 및 %기능의 수행 방법이 차이가 나고 있다.

'3+2' 를 계산하고 상수 기능을 수행하기 위해서 3 + 2 = = = 을 누르면 5, 7, 9라는 결과가 차례로 제시된다. 그러나, CASIO 계산기를 이용하면 변화가 없다. CASIO 계산기에서 상수 기능을 수행하려면 연산 버튼을 2번 눌러주어야 한다. 3 + + 와 같이 누르면 화면 상단에 'k' 가 표시되고 상수 기능을 수행하고 있음을 알려주는 것이다. 이때, 상수 기능으로 더해지는 값은 '3' 이다. CASIO 계산기에서 3 + + 2 = = = 을 누르면 5, 8, 11이 결과로 제시되는 것이다. 3 − − 2 을 누르게 되면 상수 기능이 어떻게 적용이 될까? 정답부터 말하자면, '−3' 이 적용이 된다. 3 − − 2 = 는 '3−2=1' 의 계산이 아니라, '2−3=−1' 의 계산이 되는 것이다. 3 × × 2 는 '×3' 이 상수로 입력된다. 3 ÷ ÷ 2 는 '2÷3' 이 계산되고 상수로 '÷3' 이 입력이 되는 것이다. 일반용 계산기에서 상수로 입력되는 수는 '+, −, ÷' 일 때 연산자 다음의 수, '×' 일 때 연산자 앞의 수가 되었으나, CASIO 계산기에서는 연산자를 두 번 눌러주어야 하기 때문에 '+, −, ×, ÷' 모두 연산자 앞의 수가 상수로 기억이 된다.

원하는 식	일반용 계산기 입력	CASIO 계산기 입력
8+2+2+2+2	8 + 2 = = = =	2 + + 8 = = = =
8−2−2−2−2	8 − 2 = = = =	2 − − 8 = = = =
8×2×2×2×2	2 × 8 = = = =	2 × × 8 = = = =
8÷2÷2÷2÷2	8 ÷ 2 = = = =	2 ÷ ÷ 8 = = = =

% 기능의 경우, "40의 10%는?"과 "3은 30의 몇 %는?"과 같은 식을 계산할 경우는 일반용 계산기와 CASIO 계산기의 수행 방법이 같지만 '+,−'을 활용한 연산은 다르게 값이 나타난다.

원하는 식	일반용 계산기 입력	CASIO 계산기 입력
40×10%=4	4 0 × 1 0 %	4 0 × 1 0 %
3÷30%=10	3 ÷ 3 0 %	3 ÷ 3 0 %
100+(100×5%)=105	1 0 0 + 5 %	1 0 0 × 5 % +
100−(100×5%)=95	1 0 0 − 5 %	1 0 0 × 5 % −

3학년

활동 01 1000에 가까운 수 만들기

초등학교 3학년 반 이름 :

①  로 짝과 함께 1000을 만들어 봅시다.

② 10과 30사이의 수 중에서 처음 시작하는 수를 선택합니다.

③ 처음 시작한 수에 1과 10 사이의 수 하나를 곱합니다.

④ 서로 번갈아 가면서 이전의 곱에 계속해서 1과 10사이의 수를 곱합니다.

⑤ 먼저 1000을 만들거나 1000에 가까운 수를 만들면 됩니다.

문 1 짝과 함께 번갈아 가면서 곱한 과정을 표에 기록하여 봅시다.

시작수(10~30)	곱하는 수(1~10)	곱하는 수(1~10)	곱	결과 평가
예) 2 3	5	9	1035	너무 큼
예) 2 3	5	8	920	너무 작음

한걸음더

문 2 위와 같은 방법으로 짝과 함께 1400을 만들어 봅시다.

문 3 시작수에 곱하는 수를 3번 곱하여 1000에 가까운 수를 만들어 봅시다.

시작수(10~30)	곱하는 수(1~10)	곱하는 수(1~10)	곱하는 수(1~10)	곱	결과 평가

활동명	1000에 가까운 수 만들기		
활동목표	어림을 하여 곱셈의 답을 보다 빠르게 구할 수 있다.		
단계	3학년 2학기	단원	곱셈

이렇게 지도하세요

이 활동의 목적은 계산기를 사용하여 곱셈을 연습하고 곱셈의 이해를 돕는데 있으며 이 활동을 통해 학생의 어림 능력을 향상시킬 수 있습니다.

이 활동을 지도 할 때에는 다음의 두 가지 유의점에 주의하여야 합니다.

첫째는 요구되는 답과 가까운 근사치를 얻기 위한 추정치의 역할을 제대로 이해하도록 지도해야 합니다. 두 번째로 교사는 5를 곱한 후 8을 곱하는 것은 40을 곱하는 것과 동일함을 이해하고 학생들에게도 마찬가지로 이를 이용하여 수를 결정하도록 지도해야 합니다.

활동을 어느 정도 마친 후에는 '한 걸음 더' 를 하도록 합니다. '한 걸음 더' 에서는 구해야 하는 수를 달리하거나, 곱하는 수를 확장하거나, 나누기를 추가하여 구해야 하는 수에 근접하도록 수를 어림하는 연습을 할 수 있도록 합니다.

정답 및 풀이과정

문 1

시작수(10~30)	곱하는 수(1~10)	곱하는 수(1~10)	곱	결과 평가
24	5	9	1080	조금 큼
23	7	6	966	조금 작음

한걸음더

문 2

시작수(10~30)	곱하는 수(1~10)	곱하는 수(1~10)	곱	결과 평가
28	6	9	1,512	조금 큼
28	6	8	1,344	조금 작음

문 3

시작수(10~30)	곱하는 수(1~10)	곱하는 수(1~10)	곱하는 수(1~10)	곱	결과 평가
15	6	5	4	1,800	많이 큼
15	6	4	2	720	조금 작음
15	6	4	3	1,080	1000에 가까움

활동 02 덧셈과 곱셈의 관계

초등학교 3학년 반 이름 :

반복되는 여러 개의 수를  로 계산하고, 규칙을 찾아봅시다.

문 1 다음과 같이  의 버튼을 누르고 그 결과를 적어 봅시다.

① 6 + 6 + 6 + 6 + 6 + 6 = (   )

② 1 2 3 + 1 2 3 + 1 2 3 + 1 2 3 + 1 2 3 + 1 2 3 + 1 2 3 + 1 2 3 + 1 2 3 = (   )

③ 9 9 + 9 9 + 9 9 + 9 9 + 9 9 + 9 9 + 9 9 = (   )

④ 6 × 6 = (   )

⑤ 1 2 3 × 9 = (   )

⑥ 9 9 × 7 = (   )

문 2 ①, ②, ③번 방법과 ④, ⑤, ⑥번 방법을 비교하여 봅시다. 같은 점과 다른 점은 무엇입니까?

문 3 8+8+8+8+8+8을 해결하여 봅시다.

문 4 어떠한 방법으로 해결하였습니까?

활동명	덧셈과 곱셈의 관계		
활동목표	반복된 수의 덧셈은 곱셈으로 바꾸어 표현 할 수 있다.		
단계	3학년 1학기	단원	곱셈

이렇게 지도하세요

이 활동의 목적은 계산기를 사용하여 같은 수를 반복해서 더해보고 같은 수의 반복적인 합은 그 수를 더한 횟수만큼을 그 수에 곱한 값과 같다는 내용, 즉 동수누가와 곱하기 사이의 관계를 아이들에게 이해시키는데 있습니다. 이 활동을 통해 학생들은 반복수로 구성된 더하기 문제(즉, 2+2+2)를 보다 효율적으로 푸는 방법(즉, 2×3)에 대해 이해할 수 있습니다. 단, 학생 스스로 반복된 수의 덧셈을 곱셈으로 나타낼 수 있음을 토론을 통해 깨닫게 하는 것이 중요합니다.

문제 1번의 ③번 문제에 관한 논의를 할 때에는 99를 좀더 생각하기 쉬운 수인 100으로 바꾸고 암산을 통해 정답을 구하도록 유도할 수도 있습니다. 이 때에는 99대신 100을 썼으므로 100을 7번 더하고 7을 1번 빼어서 100×7 −7=693 이 답입니다. 유사한 예로, 2×99= 198 의 같은 식은 2×100−2=198 이며 이는 암산으로 쉽게할 수 있습니다.

정답 및 풀이과정

문 1 ① 36

② 1107

③ 693

④ 36

⑤ 1107

⑥ 693

문 2 • 같은점 : (①, ④), (②, ⑤), (③, ⑥)의 계산 결과가 같습니다.

• 다른점 : 1) 계산기를 누른 횟수가 다릅니다.

(①, ②, ③번을 계산할때 ④, ⑤, ⑥번을 계산할때보다 계산기를 더 여러번 눌러야 합니다.)

2) ①, ②, ③번은 여러번 더해서 계산하고 ④, ⑤, ⑥번은 덧셈을 곱셈으로 바꾸어 계산하였습니다.

문 3 48

문 4 8을 6번 더하였습니다. 8×6을 계산하였습니다.

활동 03 10을 곱하면

초등학교 3학년 반 이름 :

문 1  에 400을 입력하고 10을 곱합니다. 어떤 수가 나왔습니까?

문 2 1에서 100까지의 수 중 5개를 선택하고  에 입력합니다. 그리고 × 1 0 = 을 누르면 얼마가 나옵니까?

내가 선택한 수	10을 곱하기	결과
	× 1 0 =	
	× 1 0 =	
	× 1 0 =	
	× 1 0 =	

문 3 위의 표에서 어떤 규칙을 찾을 수 있습니까?

한걸음더

문 4 이번에는 선택한 수에 100을 곱하고 아래의 표에 적어 봅시다.

내가 선택한 수	100을 곱하기	결과
	× 1 0 0 =	
	× 1 0 0 =	
	× 1 0 0 =	
	× 1 0 0 =	

문 5 위의 활동을 통하여 알 수 있는 사실은 무엇입니까?

문 6 선택한 수에 1000을 곱하면 결과는 어떻게 될지 예상해 보고 확인하여 봅시다.

활동명	10을 곱하면		
활동목표	주어진 수에 10을 곱한 수의 규칙을 알고 계산 할 수 있다.		
단계	3학년 1학기	단원	곱셈

이렇게 지도하세요

이 활동의 목적은 계산기를 사용하여 학생들이 수의 자리값을 알고 10, 100, 1000을 곱한수를 이해하는데 있습니다. 학생들은 숫자에 10을 곱하면 각 자리값이 한 칸씩 옆으로 이동한다는 것을 알게 될 것입니다. 예를 들어 400은 4000이 되어 4는 백의 자리에서 천의 자리로 이동합니다.

이 활동의 지도시 유의할 점은 학생들에게 "10을 곱한 결과는 숫자 뒤에 '0' 을 덧붙여라"와 같은 단순 암기식으로 지도해서는 안된다는 점입니다. 이는 소수 ×10, 100, 1000을 지도해 보면 그 이유를 알 수 있습니다. 예를 통해서 생각해 봅시다. 7×10=70 이라는 식에서 단지 0을 뒤에 덧붙이기만 한다면 7은 70이 됩니다. 이런 규칙은 얼핏 보면 맞는 것처럼 보이기도 합니다. 하지만 7.6×10과 같은 경우, 7.6에 0을 덧붙이면 7.60이 되며 이는 원래 주어진 수인 7.6과 같은 값입니다. 또한 어떤 아이들은 70.6으로 쓸 수도 있습니다. 즉, 이 문제 에서는 이러한 규칙은 적용이 되지 않는 것입니다. 따라서 학생들로 하여금 다양한 활동을 통해 스스로 반복되는 패턴을 찾도록 하는 것이 더 좋을 것입니다. '한 걸음 더' 는 100을 곱했을 때, 1000을 곱했을 때 반복되는 패턴을 아동 스스로 발견하게 하기 위한 활동입니다.

정답 및 풀이과정

문 1 4000

문 2

내가 선택한 수	10을 곱하기	결과
3	×10	30
39	×10	390
92	×10	920

문 3 내가 선택한 수의 자리 수가 한자리 올라갔습니다.

처음에 선택한 수에는 "0"을 붙인 것과 같습니다.

■ 한걸음더

문 4

내가 선택한 수	100을 곱하기	결과
3	×100	300
39	×100	3900
92	×100	9200

문 5 내가 선택한 수의 자리 수가 두 자리 올라갔습니다.

처음에 선택한 수에는 "0"을 2개 붙인 것과 곱이 같습니다.

문 6 내가 선택한 수의 자리 수가 세 자리 올라갔습니다.

처음에 선택한 수에는 "0"을 3개 붙인 것과 곱이 같습니다.

활동 04 곱셈 틱택토

초등학교 3학년 반 이름 :

① 두 사람이 놀이를 합니다.
② 수 목록에서 두 개의 수를 선택합니다.  를 이용하여 곱한 후, 두 수의 곱이 표에 있으면 ○ 나 × 표시를 합니다.
③ 자신이 표시하려는 수에 표시가 되어 있으면, 표시할 수 없습니다.
④ 가로나 세로나 대각선 방향으로 자신의 표시를 일직선으로 먼저 만들면 이기게 됩니다.

문 1 놀이 1

〈목록〉 7, 12, 19, 26, 35

133	910	494
312	84	228
245	420	665

문 2 놀이 2

〈목록〉 8, 13, 29, 31, 46

1426	248	368
377	232	899
1334	104	403

문 3 생각해 봅시다.

① 주어진 표 안의 수의 일의 자리수를 보면 〈목록〉의 수를 선택하는데 어떤 도움이 됩니까?

② 곱하는 수가 어떨때 곱의 일의 자리 수가 0이나 5로 끝납니까?

③ 곱하는 수가 어떨때 곱이 짝수입니까?

문 4 놀이 3

〈목록〉 4, 11, 17, 24, 31, 35, 43

341	68	1032	408
124	96	731	172
595	473	187	140
44	744	840	1333

문 5 놀이 4

〈목록〉 5, 14, 19, 29, 33, 41, 57

1083	406	551	285
266	165	574	779
2337	145	1353	627
462	798	205	1881

활동명	곱셈 틱택토		
활동목표	놀이를 통하여 곱셈을 자유롭게 할 수 있다.		
단계	3학년 2학기	단원	곱셈

■ 이렇게 지도하세요

133	910	494
312	(84)	228
245	420	665

1번 문제를 예를 들어 설명합니다. 첫 번째 사람이 7과 12를 선택하면, 표에서 7×12=84를 얻어 84에 ○표를 하게 됩니다. 두 번째 사람이 7와 26을 선택했다고 합시다. 계산기를 이용하여 7×26의 곱인 182를 구할 것입니다. 그러나, 표에는 182가 없기 때문에 ○를 할 수 없습니다. 두 번째 사람은 잘못 선택한 것입니다. 왜 하필 7과 26을 선택했을까요? 7과 26의 곱이 표에 있을지 없을지 생각해 보지 않고 그냥 무턱대고 7과 26을 선택했기 때문입니다.

학생들이 놀이에서 승리하려고 한다면, 내가 선택한 두 수의 곱이 표에 있을지 없을지 미리 예상해 보는 것이 필요합니다. 두 수의 곱이 표에 없을 것으로 예상이 된다면, 다른 수로 바꾸어야 합니다. 7과 26의 곱을 예상할 때, 182를 암산으로 구한다면 예상이 아니라 계산한 값을 표에서 찾는 것이 될 것입니다. 그러나 암산으로 곱을 정확히 구하는 것은 어려울 것이므로 나름대로의 방법을 이용하여 곱의 크기를 예상하는 능력이 필요할 것입니다.

7과 26의 곱에서 일의 자리끼리의 곱을 구한다면, 7×6=42가 될 것입니다. 즉, 일의 자리의 수가 2가 되어야하는 것입니다. 그렇다면, 이 정보를 이용하여 표에서 일의 자리 수가 2인 수를 찾아보아야 할 것입니다. 일의 자리 수가 2인 수가 있습니다. 학생들은 이 정보를 이용하여 7과 26을 선택한 것에 확신을 가지고 계산기에 7과 26을 입력하여 답을 확인해 볼 수 있을 것입니다. 이것이 옳은가요? 하나만 생각하고 둘은 생각하지 못한 결과입니다. 물론, 이 정도로만 생각하는 학생도 있을 것입니다.

좀 더 발전된 생각을 해 볼 수 있는 학생은 아마도 312를 검토해 보려 할 것입니다. 7에 26보다 큰 30을 곱하면 210이 됩니다. 26보다도 더 큰 30을 곱하였는데도 7과 30의 곱은 300을 넘을 수 없습니다. 따라서 학생이 7에 26을 곱하려고 생각했었다면 곧 자신이 선택한 수를 다른 수로 바꿀 것입니다.

위에서 생각해 보았듯이 이 놀이는 학생들이 곱을 예상하고 예상한 값을 확인하는 과정에서 계산기를 이용하게 됩니다. 두 수의 곱셈을 정확하게 계산하는 것이 무척 중요하지만 상황에 따라서는 정확한 계산보다는 곱의 크기를 대략적으로 짐작하는 것이 필요할 수 있습니다. 이 놀이는 정확한 계산을 하도록 시간을 주지 않습니다. 종이와 연필과 시간을 준다면, 이 놀이는 의미가 없어집니다. 자신의 어림셈이 필요한 상황입니다. 어림셈의 능력이 뛰어난 사람이 놀이에서 승리할 가능성이 높습니다.

정답 및 풀이과정

문 1

7×19 = 133	26×35 = 910	19×26 = 494
12×26 = 312	7×12 = 84	19×12 = 228
7×35 = 245	12×35 = 420	19×35 = 665

문 2

31×46 = 1426	8×31 = 248	8×46 = 368
13×29 = 377	8×29 = 232	29×31 = 899
29×46 = 1334	8×13 = 104	13×31 = 403

문 3

① 일의 자리 수만 곱하여 해당되는 답이 있을지 없을지 예상해 볼 수 있습니다.

② 곱하는 수의 일의 자리 수가 5입니다.

③ 곱하는 두 수 중 하나 이상은 반드시 짝수입니다.

문 4

11×31 = 341	4×17 = 68	24×43 =1032	17×24 = 408
4×31 = 124	4×24 = 96	17×43 = 731	4×43 = 172
17×35 = 595	11×43 = 473	11×17 = 187	4×35 = 140
4×11 = 44	24×31 = 744	24×35 = 840	31×43 = 1333

문 5

19×57 = 1083	14×29 = 406	19×29 = 551	5×57 = 285
14×19 = 266	5×33 = 165	14×41 = 574	19×41 = 779
41×57 = 2337	5×29 = 145	33×41 = 1353	19×33 = 627
14×33 = 462	14×57 = 798	5×41 = 205	33×57 = 1881

활동 05 내가 만든 곱셈 틱택토

초등학교 3학년 반 이름 :

먼저 수를 5개 선택합니다. 아래의 빈 표에 수를 넣어 곱셈 틱택토를 만들 수 있습니다.

문 1 를 이용하여, 수 3, 7, 16, 29, 31을 곱해서 나올 수 있는 곱을 모두 구해 봅시다.

3×7	7×16	16×29	29×31
3×16	7×29	16×31	
3×29	7×31		
3×31			

문 2 1번의 곱을 아래 표에 마음대로 넣어 봅시다.

〈목록〉 3, 7, 16, 29, 31

문 3 〈목록〉과 표를 이용하여 곱셈 틱택토를 할 수 있습니까?

한걸음더

문 4 수 5개를 마음대로 정하여 〈목록〉에 적고 곱을 구합니다. 그리고 표를 만들어 곱셈 틱택토 놀이를 해 봅시다.

〈목록〉 , , , ,

문 5 〈목록〉의 수를 6개, 7개, 8개로 늘려, 곱셈 틱택토 놀이를 만들어 봅시다.

활동명	내가 만든 곱셈 틱택토		
활동목표	놀이를 통하여 곱셈을 자유롭게 할 수 있다.		
단계	3학년 2학기	단원	곱셈

이렇게 지도하세요

본 활동지는 곱셈 틱택토를 직접 만들어서 놀이를 해보기 위한 것입니다. 2번 문제는 5개의 수 목록을 제시한 후, 이를 이용하여 3×3의 표를 만들어 놀이를 하는 것이고, '한 걸음더' 의 4번 문제는 5개의 수 목록도 직접 정해서 3×3의 표를 만들도록 한 것입니다. 5번 문제는 이용하는 수의 개수를 6개, 7개, 8개로 늘리는 것입니다. 수의 개수를 6개로 했을 경우는 곱의 개수가 15개, 7개는 21개, 8개는 28개가 나올 수 있습니다. 따라서 표의 칸 수도 3×4, 4×4, 5×5와 같이 다양하게 이용할 수 있습니다.

두 수의 곱을 구해 표를 만들 때 학생들은 경우의 수를 구하게 됩니다. 5개의 수를 조합하면 10개의 곱이 만들어지는 것을 찾아내는 활동을 하게 됩니다. 즉, 앞서 제공되었던 곱셈 틱택토의 활동지에 비해 확률, 통계 영역의 지식을 활용하게 되는 셈입니다. 이러한 점이 이 활동을 어렵게 할 수도 있으나, 초보적인 수준의 문제를 3학년 학생이 접한다는 점도 의미 있다고 볼 수 있습니다.

곱셈 틱택토는 학생들이 놀이를 통해 곱셈 감각을 익힌다는데 의의가 있습니다. 학생들은 자신이 선택한 수의 곱을 미리 어림셈하고, 승리하기 위해 표에 있는 곱이 나올 수 있도록 적절한 수를 선택합니다. 그러나 3학년 학생들은 이러한 고도의 사고력을 사용하여 문제를 해결하려는 시도를 하지 않을 수도 있습니다. 따라서 이러한 문제를 방지하기 위해, 두 수의 곱을 표에서 찾을 수 없는 경우도 고려해야 하도록 문제를 제시하였습니다.

그런데 한 가지 생각해야 할 점은 5개의 수 목록을 이용하여 나올 수 있는 곱은 10가지이고 3×3의 표에 적을 수 있는 수는 9개이므로 표에서 곱을 찾을 수 없는 경우는 한 가지뿐입니다. 이에 따라 학생들이 잘못 선택을 할 확률은 10%밖에 되지 않는 문제점이 있다는 것입니다. 학생들은 자신이 답을 잘못 선택할 가능성이 10%밖에 없기 때문에 고도의 사고력을 요구하는 곱셈의 어림셈에 대한 필요를 굳이 느끼지 못할 것입니다. 이런 문제점을 해결하기 위해서 6개, 7개, 8개의 수를 이용하여 곱을 구한 후, 3×3의 표에 수를 넣는 것이 본 활동을 의미 있게 이끌 수 있는 방법이라고 생각됩니다.

정답 및 풀이과정

문 1 3×7=21　7×16=112　16×29=464　29×31=899

3×16=48　7×29=203　16×31=496

3×29=87　7×31=217

3×31=93

문 2

93	496	87
112	217	899
464	203	48

문 3 예. 틱택토 놀이를 할 수 있습니다.

한걸음더

문 4

(7, 9, 11, 23, 35)

805	99	253
121	63	81
385	207	315

문 5 다양하게 수를 정해 곱셈 틱택토 놀이를 만들 수 있도록 지도한다.

활동 06 리더를 따르라

초등학교 3학년 반 이름 :

① 에 숫자 **3** 을 입력하고 **+** 를 누릅니다.
② 에 **3** 를 입력하고 **=** 을 누릅니다.
③ 계속하여 **=** 을 여러 번 눌러 봅시다.
④ 결과가 어떤 규칙을 가지고 있습니까?

※ 위 활동의 결과를 생각하면서 다음의 물음에 답하여 봅시다.

문 1 를 사용하여 다음 수들의 규칙을 찾아봅시다. 규칙을 찾아 다음의 빈 칸에 알맞은 수를 써 넣어 봅시다.

① 1, 3, 5, 7, __, __, __, …

② 3, 9, 15, 21, __, __, __, …

③ 8, 18, 28, 38, __, __, __, …

④ 2, 13, 24, 35, __, __, __, …

⑤ 4, 8, 12, 16, __, __, __, …

⑥ 50, 48, 46, 44, __, __, __, ...

⑦ 34, 29, 24, 29, __, __, __, ...

⑧ 91, 82, 73, 64, __, __, __, ...

문 2 38이나 19로 시작하는 수의 규칙을 만들어 수 4개를 적어 봅시다. 짝과 학습지를 바꾸어 자신이 적은 수 뒤의 수를 적어보게 합니다. 규칙을 잘 찾았습니까?

① 38, __, __, __, __

② 19, __, __, __, __,

한걸음더

문 3 주어진 수의 규칙을  를 사용하여 찾아보시오. 빈 칸에 나올 수들은 무엇입니까?

① 2, 7, __, 17, __, __, __, __.

② 25, 21, __, 13, __, __, __.

활동명	리더를 따르라		
활동목표	수열의 규칙을 찾아 알고 확장시킬 수 있다.		
단계	3학년 1학기	단원	덧셈과 뺄셈

이렇게 지도하세요

학생들은 수열에 있는 항 사이에 있는 관계를 발견하고 이를 이용하여 주어진 수열에 이어지는 3개의 항을 찾습니다. 학생들은 수열을 결정하기 위해서 수열의 규칙을 이해해야 하고, 전체 수열을 완성하기 위해 활동해야 합니다. 계산기를 사용함으로써 학생들은 계산에서 자유로워지며 유형을 찾는 데에만 집중할 수 있게 될 것입니다.

각 수열은 계산기의 상수기능을 사용하여 답을 도출하도록 함으로써 암묵적으로 수열의 규칙을 일반화 할 수 있습니다. 학생들은 상수를 입력하기 이전에 먼저 각 항 사이의 관계를 결정해야 합니다. 예를 들면 문제 1번의 ①번에서 처음의 항에 각각 2씩 더해나가는데, 이 때에는 1 을 누르고 나서 + 을 누르고 이어서 숫자 2 를 누른 후 = 을 반복해서 누르면 계산기의 화면에 2씩 늘어나는 규칙을 가진 수들이 나타나는 것을 볼 수 있을 것입니다. 따라서 4번 문제를 해결하려면 계산기의 처음에 2 를 누르고 나서 9 를 누르고 뒤이어 + 를 누르고 뒤이어 = 을 계속 누릅니다.

이렇게 계산기로 수열의 규칙을 찾는 것이 익숙해 졌다면 이번에는 학생들이 활동의 첫 번째 부분의 반대로 활동할 수 있도록 합니다. 학생들에게 수열의 첫째 항과 네 번째 항을 주고 학생들은 두 번째와 세 번째, 그리고 다섯 번째 항의 값을 찾습니다. 상수를 결정하기 위해 추측하고 확인하기 전략을 사용할 수 있습니다.

본격적으로 문제를 해결할 때에도 ①번~⑤번까지의 수열은 앞으로 세는 것이고, 반면에 ⑥번~⑧번까지의 수열은 거꾸로 세는 것입니다. 학생들이 규칙을 결정하려고 할 때 그들의 사고 과정을 말로 표현할 수 있도록 교사는 격려하고 안내하여야 할 것입니다.

정답 및 풀이과정

문 1 ① 9, 11, 13; +2　② 27, 33, 29; +6　③ 48, 58, 68; +10
④ 46, 57, 68; +11　⑤ 20, 24, 28; +4　⑥ 42, 40, 38; −2
⑦ 14, 9, 4; −5　⑧ 55, 46, 37; −9

문 2 ① 38, 42, 46, 50, 54; +4　② 19, 17, 15, 13, 11; −2

한걸음더

문 3 ① 12, 22, 27, 32, 37 (5가 더해진다)　② 17, 9, 5, 1 (4를 뺀다)

활동 07 □안에 알맞은 수 찾기

초등학교 3학년 반 이름 :

① 38에 어떤 수를 더하여 100과 200사이의 수를 만들려고 합니다.

② 어떤 수는 무엇일지 예상하여 봅시다.

③ 예상을 하였다면  를 사용하여 예상한 수가 맞는지 확인하여 봅시다.

※ 식의 답이 주어진 범위 안에 들어가도록 하는 □안의 수를 3개 찾아봅시다.

번호	식	예상한 수 1	확인	예상한 수 2	확인	예상한 수 3	확인
문 1	38+□=100~200						
문 2	63+□=100~150						
문 3	125-□=50~100						
문 4	□-53=50~100						
문 5	□+29=50~60						

한걸음더

문 6 합이 100과 150 사이의 수가 되는 두 자리의 두 수를 찾아봅시다.

( ) + ( ) = 100~150

문 7 차가 20과 40 사이의 수가 되는 두 자리의 두 수를 찾아봅시다.

( ) − ( ) = 20~40

활동명	□안에 알맞은 수 찾기		
활동목표	주어진 범위 내에서 수를 어림할 수 있다.		
단계	3학년 1학기	단원	덧셈과 뺄셈

이렇게 지도하세요

이 활동의 목적은 학생들이 주어진 수를 가지고 더해보거나 빼봄으로써 답이 특별한 범위 안에 들어가도록 하는 서로 다른 세 수를 찾는 활동을 통하여 수를 어림하는 능력을 신장시키는 데 있습니다. 학생들은 추측하고, 확인하고, 찾아낸 수가 범위를 만족하는지 확인하기 위해 마구잡이로 수를 선별해 보는 활동을 통해 경쟁할 수 있을 것입니다.

1번 문제에서 덧셈과 뺄셈의 역의 관계를 이해한 학생들은 빠진 수의 범위를 찾기 위해 100에서 38을 빼고 200에서 38을 뺄 것입니다. 이 외에도 학생들이 사용할 수 있는 전략은 학생들이 답을 결정하는 어림 기술을 적용하는 것입니다. 이 문제에서 예를 들면, 학생들은 답을 쉽게 찾기 위해 38+△를 대략 40+△로 생각해야만 합니다. 학생들은 각각의 문제를 계산기로 확인해야 하는데 각각의 문제에 대해 많은 답이 성립할 것입니다. 계산기는 학생이 문제 풀이 과정에 집중할 수 있도록 계산으로부터 학생을 자유롭게 해줄 것입니다.

학생들에게 각각의 문제에 대해, 주어진 범위를 만족시키는 가장 큰 수와 가장 작은 수를 결정하게 하는데 단 이때 주의해야 할 것은 학생 자신이 결정한 수의 합은 범위 내에 있어야 한다는 것입니다. 따라서 가장 큰 수와 가장 작은 수는 답에 포함되지 않습니다.

'한 걸음 더'의 6번에서는 학생들에게 합이 100과 150 사이가 되는 두 수를 찾도록 합니다. 이 문제에서는 76과 60 같이 많은 답이 가능합니다. 7번 문제에서, 학생들은 차가 20과 40 사이인 두 수를 찾아야 합니다. 가능한 답은 55와 80이 될 것입니다. 교사는 학생들이 수를 찾을 수 있도록 결정하는 방법을 설명해 주어야 할 것입니다. 이 문제를 어느 정도 해결할 수 있는 학생이라면 교사는 그 학생에게 추가적으로 동시에 두 가지 범위를 만족하는 두 수를 찾도록 할 수도 있을 것입니다. 예를 들면, 합이 50과 60 사이이고, 차가 5와

10 사이인 두 수를 찾는 문제가 있을 수 있습니다. 이 문제에서는 30과 24가 가능한 답이 될 수 있습니다.

정답 및 풀이과정

번호	식	가능한 답의 범위
문 1	38 + □ = 100 ~ 200	63 ~ 161
문 2	63 + □ = 100 ~ 150	38 ~ 86
문 3	125 - □ = 50 ~ 100	26 ~ 74
문 4	□ - 53 = 50 ~ 100	104 ~ 152
문 5	□ + 29 = 50 ~ 60	22 ~ 30

한걸음더

문 6 76 + 60 = 136

84 + 23 = 107

문 7 80 − 55 = 25

96 − 62 = 34

활동 08 망가진 숫자 버튼 (1)

초등학교 3학년 반 이름 :

지연이의 의 7 버튼이 망가졌습니다. 이때에 7 버튼을 쓰지 않고 7 + 1 0 을 계산하려면 어떻게 해야 합니까? 이 때에는 에 8 + 1 0 을 누르고 - 1 을 누르면 17 이 나옵니다.

※ 지연이의 로 8 + 7 을 계산하여 봅시다.

문 1 에 버튼을 누른 순서대로 쓰시오.

누른 순서	1	2	3	4	5	6	7	8	9	10
버튼										

문 2 왜 이런 방법을 선택하였습니까?

문 3 내 짝이 해결한 방법과 비교해 보세요. 어떤 점이 다릅니까?

한걸음더

문 4 지연이가 무리해서 를 쓰다가 7 버튼과 8 버튼이 모두 망가졌습니다. 이때 7 + 1 8 을 계산하기 위해서는 어떤 순서로 버튼을 눌러야 합니까? 내가 버튼을 누른 순서대로 쓰시오.

누른 순서	1	2	3	4	5	6	7	8	9	10	
버튼											

문 5 이 활동을 통해서 알게 된 점은 무엇입니까?

활동 09 망가진 숫자 버튼 (2)

초등학교 3학년 반 이름 :

지연이의 계산기의 7 버튼이 망가졌습니다. 이때에 7 버튼을 쓰지 않고 2 7 + 3 0 을 계산하려면 어떻게 해야 합니까?

이 때에는 계산기에 3 0 + 3 0 을 누르고 - 3 을 누르면 57 이 나옵니다.

※ 지연이의 계산기로 1 6 + 7 0 을 계산하여 봅시다.

문 1 계산기에 버튼을 누른 순서대로 적어 봅시다.

누른 순서	1	2	3	4	5	6	7	8	9	10
버튼										

문 2 왜 이런 방법을 선택하였습니까?

문 3 내 짝이 해결한 방법과 비교해 보세요. 어떤 점이 다릅니까?

■ 한걸음더

문 4 지연이가 무리해서 계산기를 쓰다가 7 버튼과 8 버튼이 모두 망가졌습니다. 이때 1 8 + 7 4 를 계산하기 위해서는 어떤 순서로 버튼을 눌러야 합니까? 내가 버튼을 누른 순서대로 쓰시오.

누른 순서	1	2	3	4	5	6	7	8	9	10	
버튼											

문 5 이 활동을 통해서 알게 된 점은 무엇입니까?

활동 10 망가진 숫자 버튼 (3)

초등학교 3학년 반 이름 :

지연이의 의 6 버튼이 망가졌습니다. 이때에 6 버튼을 쓰지 않고 2 0 6 + 3 6 1 을 계산하려면 어떻게 해야 합니까?

이 때에는 에 2 0 7 + 3 7 1 을 누르고 - 1 - 1 0 을 누르면 *578* 이 나옵니다.

※ 지연이의 로 5 6 1 + 1 3 6 을 계산하여 봅시다.

문 1 에 버튼을 누른 순서대로 적어 봅시다.

누른 순서	1	2	3	4	5	6	7	8	9	10
버튼										

문 2 왜 이런 방법을 선택하였습니까?

문 3 내 짝이 해결한 방법과 비교해 보세요. 어떤 점이 다릅니까?

한걸음더

문 4 지연이가 무리해서 를 쓰다가 3 버튼과 6 버튼이 모두 망가졌습니다. 이때에 5 6 1 + 3 1 6 를 해결하기 위해서는 어떤 방법을 써야 합니까? 내가 버튼을 입력한 순서대로 기록해 봅시다.

누른 순서	1	2	3	4	5	6	7	8	9	10	
버튼											

문 5 이 활동을 통해서 알게 된 점은 무엇입니까?

활동명	망가진 숫자 버튼 (1)~(3)		
활동목표	여러 가지 방법으로 계산할 수 있다.		
단계	3학년 1학기	단원	덧셈과 뺄셈

이렇게 지도하세요

교사는 학생들이 이 활동을 통해서 식에 나와 있는 수와 계산기의 망가진 수들을 대신할 수 있는 방법들을 생각해 내도록 해야 합니다. 예를 들어 학생들에게 계산기의 7 또는 8 등의 버튼이 망가졌다고 가정하면 계산기의 해당 숫자에 색이 있는 스티커를 붙임으로써 "망가진" 버튼임을 나타내 보일 수 있습니다. 정해진 수가 망가진 상태에서 여러 가지 식의 계산을 계산기로 하도록 할 경우에 학생들은 다양한 방법으로 원래 식의 수들을 변형시켜 계산할 수 있어야만 합니다. 이렇게 한 식을 여러 가지 방법을 통해서 계산을 하려면 주어진 수들이 각 자리에서 서로 다른 자리값을 가진다는 것을 깨달을 수 있어야 합니다. 즉, 이 활동은 학생들로 하여금 버튼이 망가진 계산기를 사용해야만 하는 경우의 실생활의 예를 통하여 계산을 할 때의 어떤 정해진 수의 크기나 가치 즉, 자리값의 개념에 대해 신중히 생각해 볼 수 있는 기회를 제공합니다.

정답 및 풀이과정

〈망가진 숫자 버튼 (1)〉

문 1 이 문제의 경우 정해진 답은 없지만 학생들이 사용 가능한 방법을 예시하면 다음과 같습니다.

누른 순서	1	2	3	4	5	6	7
버튼	8	+	8	−	1	=	15

문 2 예) 숫자 7이 망가졌으므로 7대신 8을 더하고 이 값에 1을 빼야 합니다.

문 3 예) 친구는 8+9를 하고 −2를 하여 답을 구했습니다.

한걸음더

문 4

누른 순서	1	2	3	4	5	6	7
버튼	9	+	1 9	−	3	=	25

문 5 예) 망가져서 누를 수 없을 때에는 보다 큰 수나 작은 수를 이용하여 주어진 수를 만들어 계산 할 수 있다는 것을 알았습니다.

〈망가진 숫자 버튼 (2)〉

문 1 예)

누른 순서	1	2	3	4	5	6	7
버튼	1 6	+	8 0	−	1 0	=	86

문 2 예) 숫자 7이 망가졌으므로 70대신 80을 더하고 이 값에 10을 빼야 합니다.

문 3 예) 친구는 16+60를 하고 +10를 하여 답을 구했습니다.

한걸음더

문 4

누른 순서	1	2	3	4	5	6	7
버튼	2 0	+	9 0	−	1 9	=	91

문 5 예) 망가져서 누를 수 없을 때에는 보다 큰 수나 작은 수를 이용하여 주어진 수를 만들어 계산 할 수 있다는 것을 알았습니다.

〈망가진 숫자 버튼 (3)〉

문 1 예)

누른 순서	1	2	3	4	5	6	7	8	9
버튼	5 7 1	+	1 3 7	−	1 0	−	1	=	697

문 2 예) 숫자 6이 망가졌으므로 561대신 571을, 136대신 137을 더하고 이 값에서 10과 1을 빼야 합니다.

문 3 예) 친구는 571+140를 하고 −14를 하여 답을 구했습니다.

한걸음더

문 4

누른 순서	1	2	3	4	5	6	7	8	9	10	11
버튼	5 7 1	+	4 1 7	−	1 0	−	1 0 0	−	1	=	877

문 5 예) 망가져서 누를 수 없을 때에는 보다 큰 수나 작은 수를 이용하여 주어진 수를 만들어 계산 할 수 있다는 것을 알았습니다.

활동 11 지워진 수를 찾아서!

초등학교 3학년 반 이름 :

고대 박물관의 한 원장이 옛날 고대 수학문서의 한 부분에 검은색 잉크를 쏟았습니다. 그런데 그 문서에는 덧셈식과 그 답이 적혀 있었습니다. 잉크가 묻어서 지워진 수들이 무엇인지 찾아서 해결하시오.

■ 실제로 해 보기

문 1 다음의 식과 답을 보고 지워진 숫자가 무엇인지를 찾아봅시다. 각 빈 칸에 들어갈 숫자들은 무엇입니까?

①

	△	8
+	3	○
	6	7

②

◎ ◇ − ◇ 8 = 2 4

△=(   ), ○=(   ), ◎=(   ), ◇=(   )

문 2 숫자들을 어떻게 찾을 수 있었습니까?

■ 한걸음더

문 3 수학식이 써 있는 종이가 있습니다. (계산기)를 사용하여 ○, ☆, ◇에 써 있어야 할 지워진 수를 찾아봅시다.

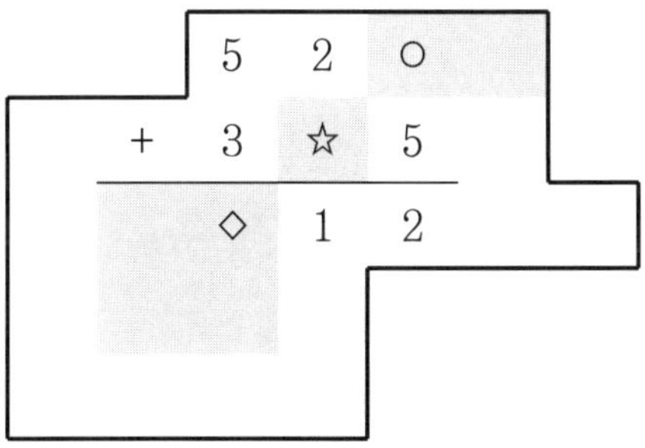

활동명	지워진 수를 찾아서!		
활동목표	수의 자리값과 양의 개념에 대해 말할 수 있다.		
단계	3학년 1학기	단원	덧셈과 뺄셈

■ 이렇게 지도하세요

이 활동을 통하여 학생들은 세 자리나 네 자리 등의 수에서 각각의 자리의 숫자들이 단순히 그 수들만을 가리키는 것이 아니라 자리 값이나 양의 개념까지도 포함하고 있음을 깨달을 수 있습니다.

이 활동을 하기 위하여 교사는 학생들에게 수의 몇몇 자리를 비우고 △로 바꾸어 제시할 수도 있을 것입니다. 이러한 문제들을 제시 받은 학생들은 계산기를 활용하여 자신의 어림과 생각들을 검토하고 계산하여 △안에 들어 있어야 할 수들을 찾아내도록 합니다. 그러나 학생들의 활동과 해결은 여기서 더 나아갈 수 있습니다. 모둠을 이루거나 짝을 이루어 자신이 해결한 방법을 서로 해결하고 검토함으로써 자신의 수와 자릿값 개념을 더 향상 시킬 수 있을 것입니다. 간단한 기본 활동을 해결한 학생들은 덧셈과 뺄셈뿐만 아니라 곱셈과 나눗셈 등의 계산을 활용한 문제들로 그 수준을 확장하여 제시하거나, 위의 한걸음 더 문제와 같이 현실 생활에서 일어날 법한 문제들로 구성하여 다양한 해결방법을 구성할 수 있도록 안내해 주도록 합니다.

■ 정답 및 풀이과정

문 1 ①

$$\begin{array}{r} 2\ 8 \\ +\ 3\ 9 \\ \hline 6\ 7 \end{array}$$

② 52-28=24

문 2 생략

한걸음더

문 3

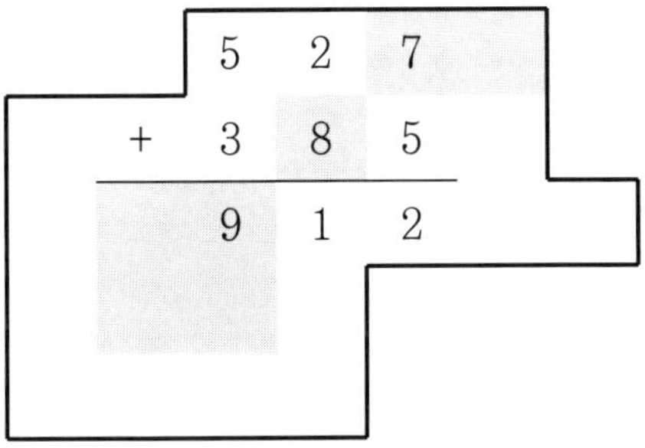

활동 12 수 가르기

초등학교 3학년 반 이름 :

7 × 8 을 를 이용하여 여러 가지 방법으로 구하려고 합니다. 먼저 7을 1과 6으로 가르고 각 수에 8을 곱합니다. 그리고 두 곱을 더합니다. 이 순서를 그림으로 나타내면 다음과 같습니다.

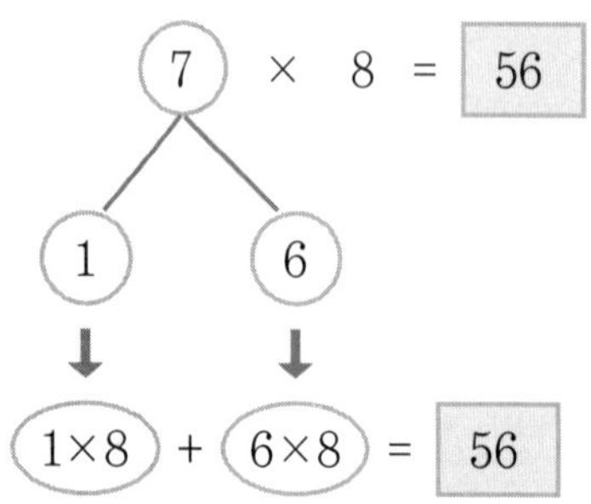

※ 위와 같은 방법으로 7 을 두 수로 다양하게 가르고 로 곱을 구하여 빈 칸에 쓰시오.(1~2)

문 1

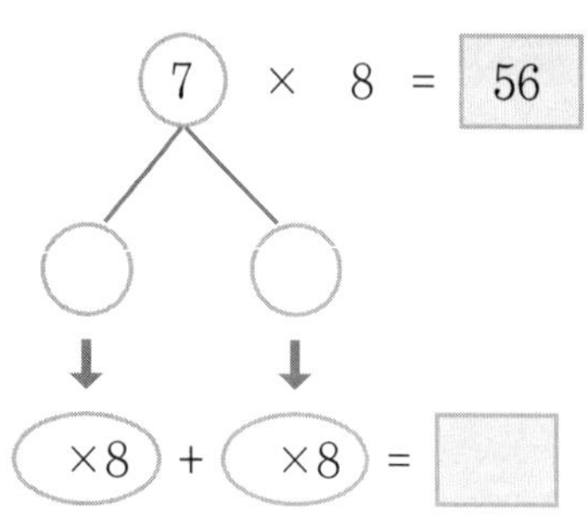

문 2

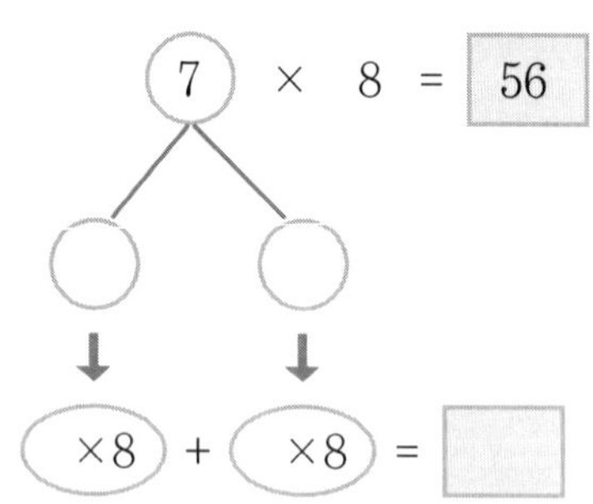

문 3 7을 두 수의 합으로 나타낸 각 수에 8을 곱한 후 더한 값은 7×8과 같습니까? 왜 그렇습니까? 이유를 써 봅시다.

■ 한걸음더

※ 이번에는 같은 방법으로 **7** 을 세 수로 다양하게 가르고 계산기로 곱을 구하여 빈 칸에 쓰시오.(4~5)

문 4

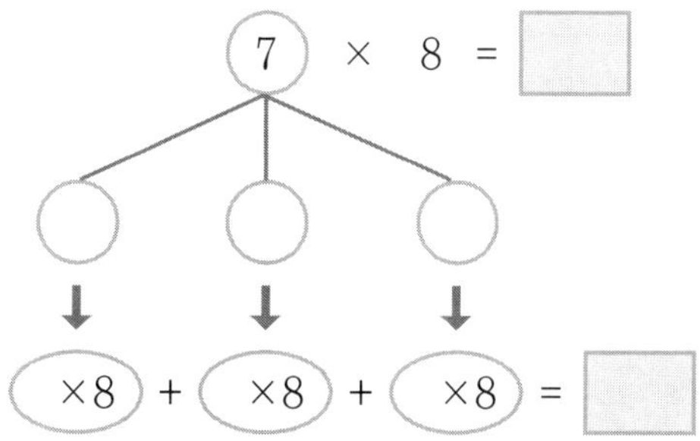

문 5

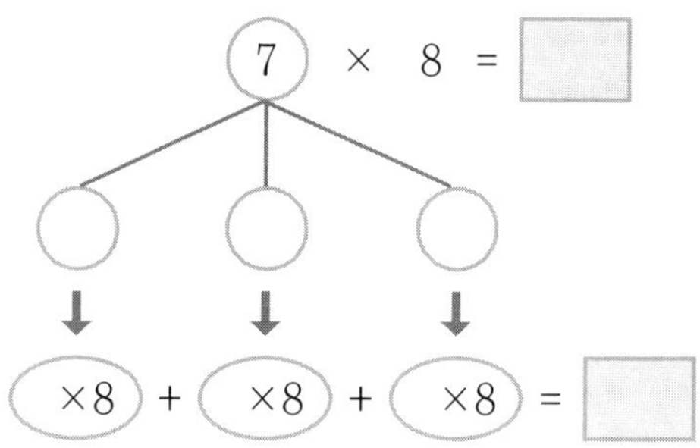

문 6 7을 세 수의 합으로 나타낸 각 수에 8을 곱한 후 더한 값은 7×8과 같습니까? 왜 그렇습니까? 이유를 써 봅시다.

문 7 7×8에서 8을 2×4의 곱으로 가르고 계산하여도 결과가 같게 나옵니까? 계산기로 직접 해결해 보고 결과와 이유를 써 봅시다.

활동명	수 가르기		
활동목표	수의 분배 법칙의 원리를 통하여 유연성있는 수 감각을 기를 수 있다.		
단계	3학년 1학기	단원	곱셈

이렇게 지도 하세요

계산기를 활용하여 반성하고 토론하며 자신이 세운 가설을 검증하는 것은 중요합니다. 학생들은 자신의 활동을 통하여 찾아낸 결과와 활동 내용을 적을 것이며 이는 기존의 알고리즘과의 연결을 도와 학생들이 알고리즘 안에서 어떠한 과정들이 일어나는지 이해할 수 있도록 해 줄 것입니다. 이에 따라 학생들은 그 과정을 이해할 뿐만 아니라 그 알고리즘을 다른 과정에도 응용하고 적용할 수 있는 유연성을 기를 수 있게 됩니다. 따라서 이번 활동을 통해 학생들은 유연성 있는 수의 분배와 결합 능력을 향상시킬 수 있습니다.

교사는 이 활동을 하기 위하여 먼저, 학생들에게 7×8=△와 같은 문제들을 제시합니다. 그리고 나서 학생들과 함께 7을 4와 3으로 가를 수 있는지 알아보고 7로 가른 두 수 4와 3에 각각 8을 곱하고 더한 값이 원래의 식을 계산한 답과 같음을 알아봅니다. 이 활동의 마지막 단계에서는 학생들이 이 활동을 하면서 알아낸 것과 자신이 활동한 것에 대하여 서로 말해보도록 함으로써 수학적 의사소통을 할 수 있도록 안내합니다. 이 활동을 통하여 학생들은 더해서 7이 되는 여러 가지 수를 가지고 더하고 곱하는 등의 다양한 방법을 해보는 가운데 수의 분배 법칙에 관하여 탐구할 수 있는 기회를 갖게 됩니다. 7×8의 활동이 끝난 후에는 7×9의 활동으로 자신이 해결하고 알아낸 방법이 옳은 것인지, 모든 수에 적용이 가능한 것인지를 확인해 보도록 할 수도 있습니다.

위의 기본 활동을 다 끝낸 후에는 덧셈으로만 가를 것이 아니라 '한 걸음 더' 의 2번과 같이 곱한 수로 쪼개는 것도 할 수 있을지, 또는 두 수로만 가를 것이 아니라 세 수로도 가를 수 있을지 다음의 물음들을 통하여 유도하여 볼 수도 있을 것입니다.

"한수를 3개의 숫자의 덧셈으로 가르고 계산하면 어떻게 될까?"

"이전에는 7×8의 식에서 7을 두 수로 가르고 보았는데 이번에는 8을 두 수로 가르고서 계산해 보면 어떻게 될까?"

"7×8의 8을 2×4와 같이 곱셈으로 가르고 계산하여 보면 어떻게 될까?"

정답 및 풀이과정

문 1 2, 5, 2, 5, 56

문 2 3, 4, 3, 4, 56

문 3 같다. 생략

한걸음더

문 4 56, 1, 2, 4, 1, 2, 4, 56

문 5 56, 1, 3, 3, 1, 3, 3, 56

문 6 같다. 생략

문 7 같다. 생략

활동 13 큰 수와 작은 수

초등학교 3학년 반 이름 :

※  와 수 1, 2, 3, 4를 사용하여 여러 가지 수를 만들어 봅시다.

문 1  의 1 2 3 4 버튼을 모두 한 번씩 사용하여 만들 수 있는 가장 큰 수는 얼마입니까?

( )

문 2  의 1 2 3 4 버튼을 모두 한 번씩 사용하여 만들 수 있는 가장 큰 두 자리 수는 얼마입니까?

( )

문 3  의 1 2 3 4 × 버튼을 모두 한 번씩 사용하여 가장 큰 수를 만들려고 합니다. 여러 가지 수를 이용하여 만들어 보고, 어떠한 수를 이용하여 만들었는지 내가 눌러본 것을 적어보시오.

내가 사용한 수	계산	결과
예) 42, 31	42 ×31	1302
432, 1	432×1	

문 4 의 1 2 3 4 × 버튼을 모두 한 번씩 사용하여 가장 작은 수를 만들려고 합니다. 여러 가지 수를 이용하여 만들어 보고, 어떠한 수를 이용하여 만들었는지 내가 눌러본 것을 적어보시오.

내가 사용한 수	계산	결과
42, 31	42 ×31	122
14, 23	14×23	

한걸음더

문 5 의 1 2 3 4 5 × 버튼을 모두 한 번씩 사용하여 만들 수 있는 가장 큰 수는 무엇입니까?

( )

문 6 의 1 2 3 4 5 × 버튼을 모두 한 번씩 사용하여 만들 수 있는 가장 작은 수는 무엇입니까?

( )

문 7 가장 큰 수와 가장 작은 수를 만들 때 주의해야 할 점은 무엇입니까?

활동명	큰 수와 작은 수		
활동목표	한 자리수를 이용한 연산을 통하여 어림 능력과 연산 감각을 기를 수 있다.		
단계	3학년 2학기	단원	곱셈

이렇게 지도하세요

이 활동을 통하여 수를 여러 가지 방법으로 조작하는 가운데, 수를 어느 자리에 두어야 자신이 생각한 결과가 나오느냐 하는 것에 대한 결정과 실제로 그렇게 했을 때 나오는 결과에 대한 관찰을 통해 학생들은 계산 결과의 크기를 어림하여 볼 수 있습니다.

이 활동을 완성한 학생들은 단순히 교과서에 있는 간단한 계산 문제들을 해결한 학생들보다 더 집중하고 열중하여야 해결이 가능했을 것입니다. 왜냐하면 이 문제들에는 학생들의 수 감각을 향상시킬 수 있는 규칙성을 찾고, 형식화 하고, 추측하는 활동들을 포함하고 있기 때문입니다.

위의 기본활동이 끝난 후에는 다른 수들을 사용하거나 곱셈이 아닌 다른 연산을 사용하여 계산하는 활동으로 확장하여 생각해 보도록 할 수 있습니다. 활동 후에는 학생들에게 자신이 활동한 방법이나 자신이 위 활동에 관한 어떠한 규칙이나 관계를 발견한 것이 있다면 그것이 무엇인지 말하거나 써보도록 하는 것도 자신이 생각하고 있는 가설이나 개념을 확고히 하고 발전시키는데 도움을 줄 수 있습니다.

정답 및 풀이과정

문 1 4321

문 2 43

문 3 예)

내가 사용한 수	계산	결과
42, 31	42 ×31	1302
432, 1	432×1	432
321, 4	321×4	1284

문 4 예)

내가 사용한 수	계산	결과
42, 31	42 ×31	1302
1, 234	1×234	234

한걸음더

문 5 531×42=22302

문 6 1×2345=2345

문 7 생략

활동 14 가장 큰 수 만들기

초등학교 3학년 반 이름 :

※ 1부터 9까지의 수 중 세 수를 선택하여 여러 가지 수를 만들어 봅시다.

문 1 한 자리의 수를 △라 하고 두 자리 수를 △△라고 하고 세 자리 수를 △△△라고 하여 봅시다. 4, 5 와 9 를 사용하여 여러 자리수의 수를 만들고 빈칸에 쓰시오.

△ : 만들 수 있는 한 자리 수	
△△ : 만들 수 있는 두 자리 수	
△△△ : 만들 수 있는 세 자리 수	

문 2 1번에서 나온 수들 중 골라 계산기를 사용하여 여러 가지 곱셈을 하고 다음 빈칸에 쓰시오.

△×△×△	
△△×△△	
△×△△△	

문 3 위의 계산 결과 중에서 가장 큰 수는 무엇입니까?

한걸음더

문 4 0부터 9까지의 수 중에서 4개의 수를 선택하여 봅시다. 자신이 선택한 4개의 수로 여러 가지 자리의 수를 만들어 보시오.

△ : 만들 수 있는 한 자리 수	
△△ : 만들 수 있는 두 자리 수	
△△△ : 만들 수 있는 세 자리 수	

문 5 가장 큰 답을 구하려면 어떠한 수를 곱해야 합니까?

△×△×△	
△△×△△	
△×△△△	

활동명	가장 큰 수 만들기		
활동목표	여러 자리 수의 연산을 통하여 자리값의 역할을 익힌다.		
단계	3학년 2학기	단원	곱셈

■ 이렇게 지도 하세요

본 활동을 통하여 학생은 같은 숫자를 가지고 여러 가지 자리에 놓아 계산해 봄으로써 수의 자리값의 의미와 효과에 관하여 깨닫게 될 것입니다. 교사는 본 활동을 하기 위하여 학생들에게 세 가지 다른 수를 선택하게 한 다음 계산 결과가 가장 큰 수가 나올 수 있도록 △×△×△, △△×△△ 또는 △×△△△와 같은 여러 가지 조합을 사용하여 계산할 수 있도록 지도합니다. 같은 방법으로 어떠한 수 조합을 활용하여야 가장 작은 수가 나올 수 있는지도 생각하여 보도록 합니다.

매 활동 내용 중에서 자신의 생각을 직접 계산하여 보고 검토하는 과정을 할 수 있도록 교사는 안내하여야 합니다. 이러한 과정은 학생들이 가장 큰 수나 가장 작은 수를 답으로 생각해 내도록 하는데 이 때에는 수들을 어떤 자리에 놓아야 하는지에 관하여 강조하도록 합니다. 이를 위한 방법으로는 학생들이 자신이 수를 놓은 자리와 그렇게 놓은 전략에 관하여 설명해 보도록 하는 것을 들 수 있습니다.

정답 및 풀이과정

문 1

△ : 만들 수 있는 한 자리 수	4,5,9
△△ : 만들 수 있는 두 자리 수	45, 49, 54, 59, 94, 95
△△△ : 만들 수 있는 세 자리 수	459, 495, 549 ,594, 954 ,945

문 2

△×△×△	180
△△×△△	2430, 2655, 4275, 4230, 2205, 3186, 5130, 5076, 2646, 5605, 5546, 2891, 8930, 4655, 4606
△×△△△	1836, 1980, 2196, 2376, 3816, 3780, 2295, 2475, 2745, 2970, 4770, 4725, 4131, 4455, 4941, 5346, 8586, 8505

문 3 8930

한걸음더

문 4 생략

문 5 생략

활동 15 홀수와 짝수

초등학교 3학년 반 이름 :

문 1 ① 다음을  를 사용하여 계산하고 빈칸을 채우시오.

계산식	답	짝수입니까? 홀수입니까?
2+2		
4+8		
10+12		
20+42		
102+82		

② (짝수) + (짝수)는 짝수입니까? 홀수입니까?

문 2 ① 다음을 계산하고 빈칸을 채우시오.

계산식	답	짝수입니까? 홀수입니까?
3+5		
5+9		
13+27		
59+69		
105+123		

② (홀수)+ (홀수) 는 짝수입니까? 홀수입니까?

문 3 ① 다음을 계산하고 빈 칸을 채우시오.

계산식	답	짝수입니까? 홀수입니까?
5+6		
8+9		
25+24		
20+59		
101+96		

② (홀수)+(짝수)는 짝수입니까? 홀수입니까?

한걸음더

문 4  를 이용하여 여러 가지 수로 계산하고 예측하여 봅시다.

① (홀수)×(홀수)는 짝수입니까? 홀수입니까?

② (짝수)×(짝수)는 짝수입니까? 홀수입니까?

③ (홀수)×(짝수)는 짝수입니까? 홀수입니까?

④ 왜 그렇게 생각합니까?

활동명	홀수와 짝수		
활동목표	여러 가지 활동을 통하여 홀수와 짝수의 개념을 이해할 수 있다.		
단계	3학년 1학기	단원	1000까지의 수

■ 이렇게 지도하세요

본 활동의 목표는 학생들이 짝수와 홀수의 개념에 관하여 이해하는데 있습니다. 따라서 이를 위하여 교사는 "짝수+짝수는?" 이나 "홀수+홀수는?" 또는 "짝수+홀수는?" 등의 물음을 학생들에게 제시하고 이를 해결해가는 과정 속에서 그 개념을 탐구 할 수 있도록 하여야 할 것입니다. 기본활동에서 덧셈과 뺄셈 등의 간단한 활동을 마친 후에는 단순히 "짝수+짝수" 등의 두 가지 숫자뿐 아니라 "짝수+짝수+홀수"와 같이 세 수를 포함하여 추론하고 계산해 보게 함으로써 자신의 개념을 더 확고히 하고 짝수와 홀수의 관계에 관하여도 생각해 보도록 해 볼 수도 있습니다.

또한 다섯 개의 수를 더하여 짝수를 만들려고 할 때 연산식 중에 사용할 수 있는 짝수의 개수는 몇 개가 될지에 관한 물음을 문제로 만들어 '한걸음더' 의 활동에서 활용해 보는 것도 좋은 것이 될 수 있을 것 같습니다. 또한 위의 활동지에서 제시한 바와 같이 덧셈뿐 아니라 곱셈을 활용한 연산을 해보도록 하는 것도 학생들이 깨달은 짝수와 홀수의 개념을 확장 시킬 수 있는 좋은 방법이 될 수 있습니다.

정답 및 풀이과정

문 1 ①

계산식	답	짝수입니까? 홀수입니까?
2+2	4	짝수
4+8	12	짝수
10+12	22	짝수
20+42	62	짝수
102+82	184	짝수

② 짝수

문 2 ①

계산식	답	짝수입니까? 홀수입니까?
3+5	8	짝수
5+9	14	짝수
13+27	40	짝수
59+69	128	짝수
105+123	228	짝수

② 짝수

문 3 ①

계산식	답	짝수입니까? 홀수입니까?
5+6	11	홀수
8+9	17	홀수
25+24	49	홀수
20+59	79	홀수
101+96	197	홀수

② 홀수

한걸음더

문 4 ① 홀수 ② 짝수
③ 짝수 ④ 생략

활동 16 앗, 실수!

초등학교 3학년 반 이름 :

수정이는 6 × 2 를  로 계산하려고 합니다. 그런데 수정이는 실수로 6 × 2 의 버튼 중에서 하나를 잘못 눌렀습니다. 그래서 계산을 모두 끝내고  의 화면을 보니, [8] 이 답으로 나와 있었습니다.

문 1 수정이가 6 × 2 중에서 잘못 누른 버튼은 무엇입니까?

문 2 원래의 식대로 계산을 바르게 하면 답은 얼마입니까?

※ 다음의 식과 잘못된 답을 보고 실수로 잘못 누른 버튼은 어느 것인지  로 계산해 보고 찾아 쓰시오.

예) 1 5 + 5 = → 계산 결과 [3]

바른 식의 계산 버튼	실수로 잘못 누른 버튼	바른 계산식과 결과
1 5 + 5 =	÷	1 5 + 5 = 2 0

문 3 8 + 6 = → 계산 결과 [48]

바른 식의 계산 버튼	실수로 잘못 누른 버튼	바른 계산식과 결과

문 4 2 × 3 = → 계산 결과 5

바른 식의 계산 버튼	실수로 잘못 누른 버튼	바른 계산식과 결과

■ 한걸음더

문 5

영훈이가 12+9를  로 계산하던 중에 1 2 + 9 를 눌러야 하는데 실수로 두 개의 버튼을 잘못 눌러 36이 되었습니다.

① 어떤 버튼을 잘못 눌렀습니까?

바른 식의 계산 버튼	실수로 잘못 누른 버튼
1 2 + 9	

② 바르게 계산한 답은 얼마입니까?

활동명	앗, 실수!		
활동목표	연산 결과에 대한 추론능력과 수 감각을 기를 수 있다.		
단계	3학년 2학기	단원	나눗셈

이렇게 지도하세요

이 활동을 통하여 학생들은 계산기를 활용하여 계산을 수행하는 가운데 계산결과를 추정하는 능력을 길러 일반적인 방법으로 계산한 계산 결과가 맞는지 확인해 볼 수 있는 능력을 기를 수 있습니다. 즉, 이 활동은 학생들이 수의 값에 대하여 진정으로 생각해 볼 수 있는 기회를 제공해 줍니다. 학생의 역할뿐만 아니라 교사의 역할이 되어 다른 사람이 해결한 활동지를 채점하여 보거나 다른 사람이 해결한 과제의 방법이 잘 된 것인지 조언글을 달아 보도록 할 수도 있을 것입니다. 학생들이 계산기를 사용하여 계산을 하고 해결과제를 검토할 때 중요하게 생각해야 할 기술은 먼저 암산을 통하여 자신의 답이 어느 정도 맞는지 생각해 보고 계산결과 나온 답이 적정한 것인지를 판단하는 것입니다.

정답 및 풀이과정

문 1 +

문 2 12

문 3

바른 식의 계산 버튼	실수로 잘못 누른 버튼	바른 계산식과 결과
8 + 6 =	×	8 + 6 = 1 4

문 4

바른 식의 계산 버튼	실수로 잘못 누른 버튼	바른 계산식과 결과
2 × 3 =	+	2 × 3 = 6

한걸음더

문 5 ① 잘못 누른버튼: + → × 로, 9 → 3 으로 잘못 눌렀습니다.

② 원래 식의 바른 답은 21입니다.

활동 17 다른 방법 찾기

초등학교 3학년 반 이름 :

가영이는 27+96을  로 계산하였습니다. 계산이 끝난 후 친구들과 계산한 과정을 비교하여 보았더니 친구들이 모두 각각 다른 방법으로 계산을 하여 답을 구한 것이었습니다. 27+96을 계산하는데 가영이와 가영이의 친구들이 사용한 방법들에는 어떠한 것들이 있습니까?

문 1  를 사용하여 27+96을 하여 봅시다. 계산 결과가 얼마가 나왔습니까?

문 2 27을 두 수의 합으로 가르고 를 사용하여 덧셈을 하시오.

예)

27을 가른 수	27을 가른 수와 96과의 합	결과
23+4	(23+4)+96	123

이제, 내가 사용한 식은 무엇인지 적어 봅시다.

27을 가른 수	27을 가른 수와 96과의 합	결과

문 3 96을 두 수로 가르고  를 사용하여 27+96을 계산하여 봅시다.

예)

96을 가른 수	27과 96을 가른 수와의 합	결과
20+76	27+(20+76)	123

이제, 내가 사용한 식은 무엇인지 적어 봅시다.

96을 가른 수	27과 96을 가른 수와의 합	결과

문 4 27+96을 할 수 있는 식을 4가지 생각하여 봅시다.

	가른 수	내가 사용한 계산식
①	27	(20+7)+96=123
②		
③		
④		

한걸음더

문 5 27+96의 27을 23과 4의 합으로 나타냅니다. 그 후 4+96을 먼저 더한 후 26을 더합니다. 계산 결과가 원래의 식과 같습니까?

문 6 위의 활동을 통하여 알아낸 것은 무엇입니까?

활동명	다른 방법 찾기		
활동목표	문제를 해결하는 가장 적절한 전략을 선택하여 올바른 계산을 할 수 있다.		
단계	3학년 1학기	단원	덧셈과 뺄셈

이렇게 지도하세요

이 활동은 학생들이 수를 가지고 계산하는 과정을 간략화 하여 계산할 수 있는 여러 가지 방법을 탐구 할 수 있도록 도와줍니다. 예를 들어 학생들은 머릿속으로 27+96을 해결하는 방법을 생각해 놓고, 계산하려고 할 때 계산기를 사용하도록 함으로써 머릿속으로 생각하고 있는 방법에 따라서 자신의 생각을 좀더 쉬운 방법으로 검토하고 증명 할 수 있도록 합니다. 결국 학생들은 27+96을 지필이나 계산기의 사용 없이 암산만으로도 계산할 수 있는 방법을 개발할 수 있게 됩니다. 다시 말해서 학생들은 이 문제나 이 문제와 비슷한 문제들을 해결하려고 할 때 계산기를 사용하지 않고도 해결할 수 있게 되는 것입니다. 예를 들어 27+96을 계산할 때 27을 23과 4로 쪼갠 후 4와 96을 먼저 더해 100을 만들어 23+100의 계산을 할 수 있도록 하는 것은 식의 계산결과가 바르면서도 학생들의 머리에서 효과적으로 할 수 있도록 하는 방법이 될 수 있을 것입니다.

본 활동을 해결한 후에는 학생들이 자신의 생각을 보다 확고히 하고 정리하도록 돕기 위해 자신의 방법을 기록해 보도록 하거나 친구들과 함께 이야기 해 보도록 하는 것이 좋은 방법이 될 수 있을 것입니다.

정답 및 풀이과정

문 1 123

문 2 3+24, 3+(24+96), 123

문 3 3+93, (27+3)+93, 123

문 4

	쪼갠 수	내가 사용한 계산식	이런 식을 사용한 이유
①	27=2+25	2+25+96	생략
②	96=1+95	27+1+95	
③	96=6+90	27+6+90	
④	생략		

한걸음더

문 5 같다

문 6 생략

활동 18 비밀수 찾기

초등학교 3학년 반 이름 :

문 1 식의 빈 수를 알아내려면 계산기에 어떻게 입력해야 할까요? 자신이 입력한 것을 적어 봅시다.

	계산기에 입력한 방법
439+( )=796	
( )−52=97	
( )−52=97	

문 2 놀이를 해 봅시다. 아래의 예와 같이 한명이 문제를 내고 짝이 시작수를 찾아봅시다.

내가 낸 문제	짝이 계산기로 입력한 방법
예) (어떤수)×12=108 이야. 어떤수를 구해봐!	108 ÷ 12 = 9

한걸음더

문 3 계산기를 이용하여 다음 식을 완성해 보시오.

6( )( ) = 48

활동명	비밀수 찾기		
활동목표	사칙연산의 역연산을 알고 바르게 계산할 수 있다.		
단계	3학년 1학기	단원	덧셈과 뺄셈

이렇게 지도하세요

이 활동의 목적은 역연산을 이해하게 하는데 있습니다. 즉, 교사는 학생들에게 덧셈의 역연산은 뺄셈이고, 곱셈의 역연산은 나눗셈임을 이해하도록 하고 잃어버린 수와 연산자를 찾도록 지도해야 합니다. 따라서 아이들에게 잃어버린 정보를 찾기 위해 자신이 사용한 방법을 설명하도록 해야 합니다. 예를 들어 어떤 수×12=108의 식에서 아이들은 10×12=120임을 알고 있으므로 어떤 수는 10보다 작아야 한다고 생각하게 되는 것입니다. 따라서 하나 작은 수를 곱하면 108이 됩니다. 이 문제는 108을 곱셈의 역연산인 12로 나눔으로써 풀릴 수도 있을 것입니다.

'한 걸음 더'와 같은 경우는 연산자와 연산되는 수 모두의 정보를 찾는 경우입니다. 이 경우 연산자가 정해지지 않았으므로 더 다양한 결과를 가져올 수 있을 것입니다.

정답 및 풀이과정

문 1

	계산기에 입력한 방법
439+(　　)=796	7 9 6 - 4 3 9 = 357
(　　)-52=97	9 7 + 5 2 = 149
(　　)-52=97	7 5 3 - 4 6 = 357

문 2 생략

한걸음더

문 3 (×)(8), (+)(42)

4학년

× −

÷ + √ =

0123456789

0123456789

0123456789

- 0으로 바꾸기
- 누가 먼저 0을 만들까?
- 내가 숫자가 되어 놀이
- 자리 수 예측
- 목표달성
- 남은 초콜릿 과자
- 계산 전쟁
- 당신의 예상은?
- 두 번 보기
- 순서대로 숫자 누르기
- 수 탐험
- 수를 쪼개어 계산하기
- 계산기와 경기하기
- 계산 방법 선택하기
- 을 사용하지 않기
- 곱셈식의 규칙 찾기
- 정확히 입력하기
- 식 완성하기
- 도서실 이용요금
- 이것을 완성할 수 있을까?

활동 01 0으로 바꾸기

초등학교 4학년 반 이름 :

 에 1234를 입력합니다. “2”를 “0”으로 만들어 [1034] 가 화면에 나오게 하려고 합니다. 어떤 계산을 해야 할지 알아봅시다.

계산기를 사용한 방법	1 2 3 4 - 2 0 0
계산기에 나온 결과	1034

문 1 “4531”을 계산기에 입력합니다. 빼기를 이용해서 “4”, “5”, “3”, “1” 의 숫자 중에서 원하는 숫자부터 지웁니다. 화면에 [1034] 만 나올 때까지 빼야 합니다. 무엇을 입력했는지 차례대로 나타내 봅시다.

횟 수	첫번째	두번째	세번째	네번째
계산기를 사용한 방법				
계산기에 나온 결과				

한걸음더

문 2 어떤 숫자를 빼는 것 대신 어떤 숫자를 더하는 것으로 규칙을 바꿉니다. 예를 들어 5631+70=5701에서 5631의 수에 70을 더하여 10의 자리수인 3은 없어졌습니다. 이 규칙을 이용하여 425에서 “5”를 “0”으로 바꾼 후, “2”도 “0”으로 바꾸려면 어떻게 해야 할까요?

활동명	0으로 바꾸기		
활동목표	주어진 수의 자리 값을 알 수 있다.		
단계	4학년 1학기	단원	큰 수

이렇게 지도하세요

이 활동의 목적은 수의 자리 값을 바르게 이해하는 것입니다. 수에서 숫자의 위치(1의 자리, 10의 자리, 100의 자리, 1000의 자리 등의 자리 값)는 숫자의 값 또는 크기와 밀접한 관계가 있습니다. 교사는 활동을 하기 전에 학생들에게 일의 자리, 십의 자리, 백의 자리 값에 대한 의미를 다시 한번 설명하고 계산기를 사용하여 답을 기록하도록 함으로써 활동을 보다 쉽게 할 수 있도록 할 수 있습니다.

짝과 함께 활동을 할 경우, 한 사람은 숫자 "3"을 부르고 다른 한 사람은 짝이 부른 "3"을 "0"으로 만들기 위해 [-] [3] [0] 을 할 수도 있습니다. 그리고 전체 학급에서 활동할 경우, 선생님이 숫자 "5"를 부르고 학생들은 [-] [5] [0] [0] 을 이용해서 호명된 숫자를 지우는 활동을 할 수도 있습니다.

'한 걸음 더'는 받아 올림에 대한 원리를 이용하고 있습니다. 425에 5를 더하면 430이 되면서 일의 자리의 "5"가 "0"으로 바뀌고, 430에 70을 더하면 500이 되면서 십의 자리의 "3"이 "0"으로 바뀌게 됩니다.

저학년 학생들에게는 작은 수를 이용해서, 고학년 학생들에게는 큰 수를 이용함으로써 여러 학년에 적용할 수 있습니다.

정답 및 풀이과정

문 1 [-] [1] [=], 4530

[-] [3] [0] [=], 4500

[-] [5] [0] [0] [=] , 4000

[-] [4] [0] [0] [0] [=] , 0

(순서는 바뀌어도 상관없음)

한걸음더

문 2 [4] [2] [5] [+] [5] [=] 430

[4] [3] [0] [+] [7] [0] [=] 500

활동 02 누가 먼저 0을 만들까?

초등학교 4학년 반 이름 :

☆ 숫자를 추측하여 0을 만드는 놀이를 합니다.

1. 짝끼리 활동합니다.
2. 짝이 모르게 계산기에 세 자리수를 입력합니다.
3. 짝에게 숫자를 부릅니다. 내가 부른 숫자가 짝이 계산기에 입력한 3자리 수에 있으면 그 수를 빼어 그 자리를 0으로 만듭니다. 틀리게 추측하여 부르게 되면 기회가 짝에게 넘어갑니다.
4. 이 경기는 이런 식으로 진행되며 모든 계산기에 적힌 수가 0이 될 때까지 해 봅시다.
5. 0이 되는 경우를 종이에 적음으로써 상대방의 숫자를 추측할 수 있습니다.
6. 먼저 상대방의 계산기 화면의 수가 0이 되게 한 사람이 이 경기의 승자가 됩니다.

한걸음더

☆ 0을 만들지 않고 333이 되게 하거나 41이 되게 이 놀이를 진행해봅시다.

활동명	누가 먼저 0을 만들까?		
활동목표	놀이를 통해 자리 값을 알아 맞출 수 있다.		
단계	4학년 1학기	단원	큰 수

이렇게 지도하세요

이 활동을 통해서 학생들은 계산기를 사용하여 0을 만들면서 자리수의 개념을 이해할 수 있습니다. 이 놀이를 잘 하기 위해서는 일의 자리, 십의 자리, 백의 자리의 숫자를 자유롭게 다룰 수 있어야 합니다. 교사는 학생들에게 직접 자신이 해결한 문제 풀이 전략을 설명하도록 함으로써 학생들이 자리 수의 개념을 쉽게 이해할 수 있도록 도울 수 있습니다. 또한 교사는 학생들이 전략을 설명하는 것을 들으면서 학생들이 가지고 있는 자리 값에 대한 오개념도 확인 할 수 있습니다.

학생들이 이 놀이를 계산기를 가지고 활동할 때에는 수학적으로 의사소통 할 수 있는 많은 기회가 있습니다. 예를 들어, 내가 계산기에 345를 입력했다고 한다면, 짝은 먼저 나에게 입력한 숫자 중에 특정수(예를 들어 6)이 들어있는지를 물어봅니다. 만약 숫자가 포함되어 있지 않다면, 기회는 나에게 돌아오고 나는 짝에게 질문을 하게 됩니다. 그러나 짝이 나에게 숫자 4가 있냐고 물어본다면, 나는 그 숫자를 확인해 주고 "내가 가진 수는 십의 자리에 있어."라고 그 수가 어떤 자리에 있는지 말해주어야 합니다. 이후 나는 내 수 345에서 그 수인 40을 빼서 305로 만듭니다. 이런 식으로 계산기에 적힌 수가 먼저 0이 되는 사람이 이기게 됩니다.

활동 03 내가 숫자가 되어 놀이

초등학교 4학년 반 이름 :

문 1 화면에 주어진 수를 입력해 보세요. 그리고 그 수를 큰 소리로 읽어 봅시다.

입력한 수	읽 기
53281	
25973	

문 2 "내가 숫자가 되어 놀이"를 하여 봅시다.

1) 모둠 학생들은 한 줄로 섭니다.
2) 각자 계산기에 다섯 자리수를 입력합니다. 11234나 12233과 같이 같은 숫자를 사용한 수는 입력하지 않고 다섯 자리 숫자가 모두 다른 수를 입력합니다.
3) 앞, 뒤에 있는 사람만 내 계산기에 있는 수를 볼 수 있습니다.
4) 한 줄로 선 상태에서 앞, 뒤 사람이 귓속말로 숫자를 물어봅니다.
5) 앞사람과 뒷사람이 서로 수를 비교 합니다.
6) 수가 큰 사람이 뒤로 갑니다.
7) 같은 방법으로 수를 비교하여 크기가 작은 수에서부터 큰 순서대로 자리를 정리합니다.
8) 빨리 자리를 정리하는 모둠이 이기게 됩니다.

한걸음더

문 3 다섯 자리뿐 아니라 백만, 천만 등 더 큰 수를 입력하여 같은 놀이를 해 봅니다.

활동명	내가 숫자가 되어...		
활동목표	큰 수의 크기를 비교할 수 있다.		
단계	4학년 1학기	단원	큰 수

■ 이렇게 지도하세요

수의 크기는 학생들이 비교적 쉽게 해결할 수 있는 학습 내용이지만, 학생들은 큰 수를 다룰 때 매우 어려워합니다. 이 활동에서는 계산기를 활용한 놀이로 큰 수의 비교 학습을 하도록 도우며 활동을 통해서 하는 수업은 학생들에게 흥미를 줄 수 있습니다.

이 활동을 통해 학생들은 숫자가 상징하는 바를 알게 되고, 이를 숫자의 이름과 연결시켜 수의 크기와 순서에 대한 개념을 발전시킬 수 있습니다.

따라서 학생들은 수를 이해하고 그 수를 수의 순서와 연결시킬 수 있게 되며 수의 크기를 알고, 더 나아가 '한 걸음 더' 에서는 더 큰 수를 활용하여 같은 놀이를 하면서 이해한 내용을 심화할 수 있습니다.

놀이를 하는 가운데 학생들은 계산기를 사용하여 수를 입력하고 그 수를 읽는 활동을 합니다. "이백 칠십 삼" 대신에 "2, 7, 3"(이, 칠, 삼)이라고 읽는 것은 안 됩니다. 숫자의 자리 수를 다양하게 바꿔가며 수를 읽는 연습을 해야 합니다.

'한 걸음 더' 는 수를 읽고 수의 크기를 아는 것에 더 나아가 한 수가 다른 한 수보다 얼마나 더 크고 얼마나 더 작은지를 알 수 있는 활동입니다.

놀이에서 사용할 수 있는 숫자의 예는 다음과 같습니다.

문 1 5 3 2 8 1 오만 삼천 이백 팔십 일

2 5 9 7 3 이만 오천 구백 칠십 삼

활동 04 자리 수 예측

초등학교 4학년 반 이름 :

문 1 (두 자리 수) × (세 자리 수)의 곱의 결과는 몇 자리수가 될까요? 몇 자리수가 될지 예상하여 보고 그 이유를 적어 봅시다.

♠ 예상되는 자리 수 :

♠ 예상한 이유 :

문 2 계산기를 사용하여 실제로 (두 자리 수) × (세 자리 수)를 쓰고, 계산하여 보고 다음의 표를 완성하여 봅시다.

내가 사용한 계산식	곱의 결과	자리 수
28×125		
32×276		
49×329		

문 3 예상한 자리 수의 크기와 실제 알아본 것의 곱의 자리 수는 같습니까?

문 4 (두 자리 수) × (세 자리 수)의 곱은 몇 자리수가 되겠습니까?

한걸음더

문 5 (세 자리 수) × (세 자리 수)의 곱은 몇 자리수가 되겠습니까?

활동명	자리수 예측		
활동목표	계산기 활용을 통해 자신의 추론을 점검하여 곱셈의 규칙을 찾을 수 있다.		
단계	4학년 1학기	단원	곱셈과 나눗셈

이렇게 지도하세요

이 활동의 목적은 학생들이 수의 일정 규칙에 대한 추론능력을 신장시키는 것뿐만 아니라 아울러 계산기를 다루는 것에 대한 감각을 익힐 수 있게 하는 것입니다. 학생들은 자신이 추론하고 예상한 것에 대해 서로 토론하는 활동을 할 수 있으며 자신의 짐작이 맞는지에 대해서는 계산기를 통하여 확인해 볼 수 있을 것입니다. 한걸음 더 활동에서는 유사한 문제를 해결하는 가운데 "(세 자리 수)와 (세 자리 수)를 곱하면 몇 자리 수가 답이 될 수 있을까?" 라든가 "(두 자리 수) × (세 자리 수)는 몇 자리 수가 답이 될 수 있을까?" 등의 물음을 통하여 의사소통 능력을 발달시켜 줄 수 있을 것입니다. 또한 이러한 활동을 계산기로 확인하고 점검하면서 아이들은 일반적인 사칙연산이 가능한 간단한 계산기에는 오직 여덟 자리의 숫자만을 나타낼 수 있기 때문에 많은 제한이 있을 것이라는 것도 알아가게 될 것입니다.

이 활동에서의 계산기 활용은 계산을 하는 것이 아니라 문제를 해결하는데 좀 더 집중할 수 있도록 도움을 줄 것입니다. 왜냐하면 만약 아이들이 계산기 없이 오직 지필 계산만으로 이 문제를 해결하려 한다면 정말 재미없고 지루할 것이지만 계산기를 통하여 탐구할 수 있도록 하는 것은 보다 빠르고 정확한 계산을 할 수 있도록 해 주기 때문입니다. 이 활동의 보다 근본적인 목적은 나중에 아이들로 하여금 계산기를 통하여 나온 답을 보다 직관적으로 점검하도록 함으로써 곱셈에 관한 규칙을 이해하도록 하는데 있습니다. 예를 들면, (두 자리 수)에 (두 자리 수)를 곱하면 (세 자리)나 (네 자리 수)의 답을 얻을 수 있을 것이고 (세 자리 수) × (세 자리 수)는 (다섯 자리)나 (여섯 자리)의 답을 얻을 수 있을 것입니다.

위의 문제에서 (두 자리 수) × (세 자리 수) 결과의 자리 값을 알기 위해서는 가장 작은

(두 자리 수)와 가장 작은 (세 자리 수)를 곱함으로써 결과의 최소한의 자리 값을 알 수 있고, 반면에 가장 큰 (두 자리 수)와 가장 큰 (세 자리 수)를 곱함으로써 결과의 최대한의 자리 값을 알 수 있습니다. 즉, 가장 작은 자리 수는 1 0 × 1 0 0 = , 1000 으로 (네 자리 수) 이고, 가장 큰 자리 수는 9 9 × 9 9 9 = , 98901 으로 (다섯 자리 수)가 됩니다.

정답 및 풀이과정

문 1 생략

문 2 생략

문 3 생략

문 4 (네 자리 수) ~ (다섯 자리 수)

한걸음더

문 5 (다섯 자리) ~ (여섯 자리 수)

활동 05 목표달성

초등학교 4학년 반 이름 :

※ 각각의 문제에서 주어진 곱을 구할 수 있는 두 수를 주어진 수들에서 선택하여 쓰고 로 곱해 봅니다. 만약 주어진 결과를 얻었다면 '성공' 자리에 ○표를 기록하고, 주어진 결과를 얻지 못했다면 '실수' 자리에 ○표를 기록합니다. 만약 실수했다면 다른 두 수를 선택해서 한 번 더 해 봅시다.

번호	수	곱	선택		확인	성공	실수
예	34, 22, 32, 28, 44, 14	896	44	34	1496		○
			32	28	896	○	
문 1	23, 9, 36, 41, 18, 78	504					
문 2	38, 41, 28, 51, 18, 61	2318					
문 3	61, 31, 57, 33, 62, 67	1881					
문 4	63, 28, 9, 43, 18, 78	2184					

▪ 한걸음더

문 5 216에 곱해서 곱의 결과가 14000과 14500사이에 있는 수가 되는 모든 수를 찾아 봅시다. 그 범위 안에서 나올 수 있는 수 중 가장 작은 수는 얼마입니까? 가장 큰 수는 얼마입니까?

활동명	목표달성		
활동목표	수의 결과를 어림하고 계산기를 사용하여 확인할 수 있다.		
단계	4학년 1학기	단원	곱셈과 나눗셈

■ 이렇게 지도하세요

이 활동의 목적은 학생들이 수 감각과 어림의 중요성을 깨닫고 계산기를 활용하여 어림을 능숙하게 할 수 있도록 연습의 기회를 제공하는 것입니다. 계산기를 활용할 경우 학생들은 계산의 어림을 할 수 있어야 합니다. 학생들에게 6개의 숫자와 '곱'을 주고 주어진 '곱'을 낼 수 있을 것 같은 두 수를 선택하도록 합니다. 학생들이 예상하고 확인하기와 같은 전략을 통해 활동을 완성하는 경험을 함으로써 수감각과 어림을 사용하여 최소한의 시행착오로 옳은 두 수를 구할 수 있게 될 것입니다.

주어진 수를 가지고 어림을 하는 것은 답을 찾기 위해 여러 수들을 선택하는 횟수를 줄일 수 있습니다. 따라서 교사는 학생들에게 시행착오를 줄이고 보다 답에 근접할 수 있으므로 어림을 해야 할 필요를 지도합니다. 더 나아가 교사는 학생들이 산출할 결과의 자릿수가 두 수의 곱의 자릿수와 같아야 한다는 점과 일의 자리의 숫자가 같아야 한다는 점을 인식할 수 있도록 도움을 줌으로써 선택의 횟수를 더 줄일 수 있을 것입니다.

위의 활동에서 예의 문제에서와 같이 산출할 결과를 어림하여 900으로 볼 수 있습니다. 이 때 선택될 수 있는 수는 34×28, 혹은 32×28, 혹은 22×44가 됩니다. 하지만 산출결과의 일의 자리의 수는 6입니다. 그러므로 일의 자리의 수가 6이 나오는 32×28이 됩니다. 따라서 28과 32가 최종의 선택이 됩니다.

학생들은 스스로 자신이 선택한 수들을 사용하는 전략을 말로 설명할 수 있어야 합니다. 계산기로 단순히 주어진 수들을 계산해 보는 것은 지양해야 하지만 어림과 수 감각에 초점이 맞추어져 있는 활동에서의 계산기 활용은 학생들의 활동에 흥미를 주고 활동 과정을 촉진하므로 계산기의 활용을 허락해도 좋을 것으로 생각됩니다.

'한 걸음 더' 에서 교사는 학생들이 주어진 범위 안에서 결과를 산출할 수 있는 미지수들을 찾아낼 수 있도록 해야 합니다. 학생들은 주어진 수들과 주어진 산출결과를 어림하거나 미지수들을 찾아내기 위해 주어진 산출결과를 나누어보는 등의 예상-확인 활동을 포함하는 다양한 접근을 사용할 수 있습니다.

정답 및 풀이과정

문 1 23, 18

문 2 38, 61

문 3 33, 57

문 4 28, 78

한걸음더

문 5 최소의 수는 65이고 최대의 수는 67입니다.

활동 06 남은 초콜릿 과자

초등학교 4학년 반 이름 :

※ 제과점에서 1상자에 24개의 과자를 포장합니다. 어느 날, 900개의 과자를 구웠습니다. 포장된 상자의 수와 포장되지 않은 과자의 수를 구해봅시다.

① 계산기를 가지고 답을 구하기 위해 계산기에 입력해야 하는 식은 900÷24입니다.
② 계산기의 화면에 나온 답을 확인해 보세요. 37.5
③ 이 때 포장된 과자는 모두 37상자입니다.
④ 900개의 과자 중 포장된 과자의 개수는 37×24=888개 입니다.
⑤ 포장되지 않고 남은 과자는 900-888=12입니다.

☆ 이제 다음 문제를 사용하여 해결해 봅시다.

문 1 계란 포장 작업장에서는 계란이 12개씩 한 판이 됩니다. 작업장에 400개의 계란이 있다면 12개씩 몇 판이 되겠습니까?

문 2 895명의 재학생이 있는 학교에서 전교생이 참여하는 현장 학습을 계획하고 있습니다. 버스의 좌석이 42석이라면 전교생이 모두 현장 학습을 가는 데 몇 대의 버스가 필요할까요?

활동명	남은 초콜릿 과자		
활동목표	계산기로 나머지가 있는 나눗셈을 할 수 있다.		
단계	4학년 1학기	단원	곱셈과 나눗셈

이렇게 지도하세요

이 활동의 목적은 나눗셈을 하고 나눗셈의 몫과 나머지를 이해하는 데 있습니다. 학생들은 계산기로 나눗셈을 하여 나온 소수인 몫을 보고 검산식을 이용하여 나눗셈의 나머지를 구하는 과정을 생각해 보도록 합니다. 십진수인 정수 계산기로 나머지가 있는 나눗셈 문제를 풀면 나머지가 나오지 않고 몫이 소수로 표시됩니다. 이 경우 계산기로 나눗셈의 나머지를 구하는 방법을 연습할 필요가 있습니다. 학생들은 주어진 표시창 으로부터 정수인 나머지를 끄집어내는 방법을 배워야 합니다. 학생들은 과자 문제를 계산기를 사용하여 해결하고 나머지를 구하는 방법을 토의하고 나서 남은 2개의 문제를 완전히 해결해 봅니다.

계산기 표시창 으로부터 정수의 나머지 구하는 방법을 요약하면 다음과 같습니다.

첫째, [(몫의 정수부분)×젯수]

둘째, 나머지를 구하기 위해 피젯수로부터 답을 빼기.

900÷24=37.5; [(37×24)]=888; 900−888=12나머지

2개의 문제에서, 학생들은 계산기에 입력한 내용과 문제의 답을 구하는 과정뿐만 아니라 계산기의 화면에 나눗셈의 몫으로 보여지는 것까지 이해하고 설명해 보는 기회를 갖는 것이 중요합니다.

정답 및 풀이과정

문 1 33상자

문 2 22대

활동 07 계산 전쟁

초등학교 4학년 반 이름 :

☆ 짝과 무기목록 1과 함대 1 그리고 무기목록 2와 함대 2를 나누어 갖습니다.

문 1 함대 2의 함대하나를 선택하고 그 답이 나올만한 식을 무기 목록 1에서 선택합니다. 계산을 하여 두 값이 일치하면 함대 2의 선택된 함대가 함몰됩니다. 함대 1도 같은 방법으로 경기를 하며 상대방의 함대를 완전히 함몰시키면 이기게 됩니다.

♠무기 목록

함대 1	무기목록 1
1029	26×65
699	273+426
1320	1234−942
218	9×72
1005	550×2000
123	333+ 987

무기목록 2	함대2
567−347	648
412÷4	1625
49×21	292
369÷3	10098
695+310	1100000
102 ×99	103

※무기목록의 수식을 각각 공격용 미사일이나 대포로 꾸미고 함대는 배모양으로 그려서 각 배마다 수를 1개씩 쓴다.

한걸음더

문 2 서로의 무기와 함대를 직접 만들 수 있습니다. 단, 10000이상의 수를 이용해야 합니다.

활동명	계산 전쟁		
활동목표	게임을 통하여 어림 능력 향상시킬 수 있다.		
단계	4학년 1학기	단원	곱셈과 나눗셈

이렇게 지도하세요

이 활동에서는 게임을 통한 연습 활동을 통해 학생들은 어림 능력을 효과적으로 향상 시킬 수 있습니다. 각각의 학생들은 짝과 활동을 합니다. 한 학생은 계산기와 "무기 목록1", "함대 목록1"을 가지고 다른 학생은 계산기와 "무기 목록2", "함대 목록2"를 하나씩 가집니다. 무기 목록에는 계산을 할 수 있는 식이 적혀져 있으며 함대 목록에는 그 값들이 일정한 순서 없이 적혀 있습니다.

이 게임을 하는 동안 학생들이 고른 수가 "표적"이 되고 표적에 알맞은 식의 수가 점수가 됩니다. 예를 들어 먼저 함대 1의 함장은 상대편 함대 2의 표에서 하나의 숫자를 고릅니다. 이것이 "표적"이 됩니다. 그리고 자신의 무기 목록에서 그 수가 나올법한 식을 고릅니다. 이렇게 학생은 자신이 선택한 무기와 함대를 사용하여 마침내 발포를 하게 되는 것입니다. 이 때에 함대 1의 함장이 선언한 수와 무기를 들은 함대 2의 함장은 재빨리 계산기를 사용하여 계산을 해보도록 합니다. 이 때 "표적"과 "무기"의 값이 동일하다면 그 "배"는 침몰되며 함대의 표에서 그 수를 지워 표시할 수 있을 것입니다.

만약 함장1의 "표적"과 "무기"가 일치하지 않는다면 비록, 그 답이 표적과 근접하다 할지라도 함대를 침몰시킬 수 없습니다. 이 게임은 상대방의 함대를 완전히 침몰시킬 때 까지 계속합니다. '한걸음 더' 에서 더 큰 수를 이용한 이와 유사한 게임을 만들어서 해 볼 수도 있습니다.

단지 답을 찍어서 해결한다면 게임에서 이길 수 있는 확률이 떨어질 것입니다. 그리고 함장이라 불리는 각각의 학생들은 이 활동을 하면서 사용한 자신의 전략과 책략, 즉, 함장이 자신의 "표적"과 "무기"를 고른 이유를 설명할 수 있다면 수업의 효과가 더 높아질 것입니다.

■ 정답 및 풀이과정

26 ×65 = 1690
273+426 = 699
1234−942 = 292
9×72 = 648
550×2000 = 11000
333+987 = 1320

567−347 = 320
412÷4 = 103
49×21 = 1029
369÷3 = 123
695+310 = 1005
102 ×99 = 10098

활동 08 당신의 예상은?

초등학교 4학년 반 이름 :

☆ 두 수를 곱해서 529를 얻었습니다. 이 수는 어떤 수일까요?

문 1 위의 문제를 식으로 나타낸 것은 다음 중 어느 것입니까?

① □×□ = 529 ② □×△=529

③ △×□×○ = 529 ④ 3×□×□=529

문 2 어떤 수를 예상하고  를 이용하여 곱하시오. 구한 곱이 529가 되는지 확인하시오.

예상한 수	예상한 수의 곱
15	15 × 15 = 225

문 3 같은 두 수를 곱해서 529가 나오는 수는 어떤 수입니까? 어떤 수를 구할 때 예상과 확인은 몇 번이나 하였습니까? 예상하는 횟수를 줄일 수 있습니까?

한걸음더

문 4 예상하고 확인하는 방법으로 □를 구하시오.

1) □×□=1296

2) □×□×□= 704969

3) □×□×□×□= 1874161

문 5 □×□=110에 알맞은 □를 구해보시오. □의 값을 구할 수 없다면, □와 가장 가까운 값을 구해보시오.

활동명	당신의 예상은?		
활동목표	곱셈을 할 수 있다.		
단계	4학년 1학기	단원	곱셈과 나눗셈

■ 이렇게 지도하세요

본 활동의 경우 계산기가 없으면 곱셈을 해결하기 어렵습니다. 529라는 작은 수를 구하는데도 두 자리 수의 곱셈을 3~4번은 해야 합니다. 곱셈 계산을 많이 한다는 것은 학생들로 하여금 지루함을 유발시킬 것입니다. 이때, 계산기의 활용을 통해 계산이 지루해지지 않게 하고 학생들이 문제를 해결해가며 발견의 기쁨을 느낄 수 있을 것입니다.

1번의 경우는 문제 이해를 확인해보는 문제입니다. '제곱' 이라는 용어를 4단계의 학생은 이해하기 힘들기 때문에 "같은 수 둘을 서로 곱하면"이라고 표현하였습니다. 1번 문제를 통해 "같은 수 둘을 서로 곱하면"이라는 표현에 익숙해 질 수 있도록 합니다.

2번의 경우는 여러 가지 예상을 한 후, 이것을 확인한 것을 기록하는 것입니다. 자신이 계산기를 이용한 것을 적는 것은 계산기 활용의 흥미를 반감시키는 일이 될 수도 있으므로, 수업 상황에 따라서는 반드시 적으라고 할 필요는 없습니다. 다만, '누가 예상을 적게 해서도 답을 찾을 수 있나?' 와 같은 경쟁을 유도한다면, 자신의 예상 횟수를 기록하여 비교하는 것은 수업의 방안이라고 볼 수 있습니다.

5번의 경우, 제곱하여 $\sqrt{110}$을 구할 수 있는 수가 정수에는 없습니다. 따라서, 학생들은 문제에 봉착하게 되고 나름대로의 아이디어를 짜낼 것입니다. 소수를 이용해도 되는가? 반드시 110을 구해야 하느냐? 라는 생각입니다. 이때, 교사는 가까운 수를 찾으라고 요구해야 할 것입니다. 소수를 이용할 경우, 소수 첫째자리의 수를 이용하느냐? 소수 둘째자리의 수를 이용하냐? 소수 셋째자리의 수를 이용하느냐?에 따라 답이 달라질 수 있으므로, 교사가 적정한 소수를 정하여 주는 것도 좋은 방법이 될 수 있을 것입니다.

정답 및 풀이과정

문 1 ①

문 2 16×16=256　　20×20=400　　25×25=625　　23×23=529

문 3 생략, 계산해보는 횟수를 줄일 수 있음

한걸음더

문 4 1) 36　　2) 89　　3) 37

문 5 소수 첫째자리 수의 곱에서는 10.5가 110에 가장 가까운 수입니다.

10.4×10.4=108.16 10.5×10.5=110.25 10.6×10.6=112.36

소수 둘째자리 수의 곱에서는 10.49가 110에 가장 가까운 수입니다

10.48×10.48=109.8304 10.49×10.49=110.0401 10.50×10.50=110.2500

소수 셋째자리 수의 곱에서는 10.488이 110에 가장 가까운 수입니다

10.487×10.487=109.977169 10.488×10.488=109.998144 10.489×10.489=110.019121

활동 09 두 번 보기

초등학교 4학년 반 이름 :

☆ 제일 마음에 드는 두 자리 수를 하나 생각하시오. 이 수에 101을 곱하면 어떤 변화가 생기는지 알아봅시다.

문 1 47과 147 중에 어떤 수를 101과 곱해야 합니까? 또, 그 이유는 무엇입니까?

문 2  를 사용하여 곱을 구하고, 구한 곱의 규칙을 찾아보시오.

101×57　　　　　　　101×62

101×23　　　　　　　101×77

문 3 47에 101을 곱하는 것을 식으로 나타내면 47×101입니다. 101을 100+1로 나타낼 수 있다면 47에 101을 곱하는 것을 다른 식으로 나타내 보시오.

문 4 324와 같은 세 자리수는 어떤 수를 곱하면 324324와 같이 반복되는 수를 만들 수 있습니까?

문 5 □ 안에 알맞은 수를 구하시오.

583×[　　　]=583583　　　　　[　　　]× 326 = 326326

한걸음더

문 6 34에 어떤 수를 곱하면 343434와 같이 반복되는 수를 만들 수 있습니까?

문 7 82에 어떤 수를 곱하면 82082082와 같이 반복되는 수를 만들 수 있습니까?

문 8 두 수를 곱이 반복되는 수가 되도록 독창적으로 만들어 보시오.

☐ × ☐ = ☐

활동명	두 번 보기		
활동목표	곱의 자리수가 다섯 자리 수 이상인 곱셈을 할 수 있다.		
단계	4학년 1학기	단원	곱셈과 나눗셈

이렇게 지도하세요

이 활동의 목적은 계산기를 사용하여 큰 수의 곱셈을 하고 곱의 반복되는 규칙을 찾아 계산기를 사용하지 않고 다음 곱을 예상해 보는 것입니다. 두 자리 수에 101을 곱하게 되면 처음 정해놓았던 두 자리 수가 두 번 반복되며, 네 자리수가 됩니다. 23×101은 23×100과 23×1을 더한 것이 됩니다. 같은 방법으로 세 자리 수를 두 번 반복하여 여섯 자리 수를 만들 수 있습니다. 234×1001=234234가 됩니다. 1은 반복을 위해 넣은 것이고, 0은 234000와 234의 자리수가 겹치지 않도록 하기 위한 방법입니다. 세 번 반복하기 위해서는 1을 세 번 사용하여야 합니다. 예컨대, 23에 10101을 곱하면 232323이 됩니다.

46046046과 같이 어떤 수의 사이에 0을 넣고 싶은 경우에는 1과 1사이에 0을 더 넣으면 됩니다. 46×10101=464646이나 46×1001001=46046046이 됩니다.

32에 어떤 수를 곱하였을 때, 32가 반복되는 것이 아니라, 다른 수가 반복되도록 만들 수도 있습니다. 32×11011의 경우352352와 같이 352가 두 번 반복될 수 있습니다. 이것은 11×32가 352가 됩니다. 이때, 352가 가능하도록 11과 11 사이에 0을 넣어 세 자리수가 가능하도록 할 수 있습니다.

정답 및 풀이과정

문 1 47, 두 자리 수를 곱해야 한다고 했기 때문에

문 2 101×57=5757 101×62=6262 101×23=2323 101×77=7777

문 3 $47 \times 100 + 47 \times 1$

문 4 1001

문 5 1001 , 1001

한걸음더

문 6 10101

문 7 1001001

문 8 $23 \times 11011 = 253253$ (반복의 특징 : 곱하는 수가 반복되지 않고 다른 수가 반복된다.)

활동 10 순서대로 숫자 누르기

초등학교 4학년 반 이름 :

☆  를 사용하여 다음 문제의 올바른 답을 구하기 위한 바른 입력 순서에 따라 계산해 봅시다.(1~5)

	문제	입력순서	답
	예. 27 ÷ 9 × 4	2 7 ÷ 9 × 4	12
문 1	18 × 5 − 41		49
문 2	35 + 225 ÷ 15		50
문 3	(23 + 67) × 9		810
문 4	360 ÷ 15 + 13 × 14		206
문 5	32 × 9 − 24 × 8		?

문 6 〈9 + 6 × 2〉 의 올바른 답은 21입니다. 그러나 계산기에 문제와 같이 입력했을 때 계산기 화면에 30이 나옵니다.

왜 30이 나올까요? 그 이유를 설명해 봅시다.

____

____

한걸음더

문 7 숫자 12, 15, 16, 18을 한 번만 사용하고 +, −, ×, ÷, 괄호를 사용해서 값이 24가 나오도록 식을 써 봅시다.

활동명	순서대로 숫자 누르기		
활동목표	순서대로 식을 계산할 수 있다.		
단계	4학년 1학기	단원	혼합계산

이렇게 지도하세요

일반적인 계산기는 대수학적 연산을 처리하지 못합니다. 그러므로 혼합연산으로 된 식을 계산기로 계산할 경우 쓰여진 순서대로 계산기에 식을 입력하면 잘못된 결과가 나오게 됩니다. 혼합연산에서는 먼저 괄호부터 계산하고, 곱셈이나 나눗셈을 왼쪽부터 오른쪽으로 순서대로 계산합니다. 마지막으로 덧셈과 뺄셈을 왼쪽부터 오른쪽으로 순서대로 계산합니다. 학생들은 먼저 무엇을 계산해야 할지 결정하기 위해 식을 분석한 후 계산기에 숫자를 입력해야 합니다.

학생들은 이 활동에서 식을 보고 연산 순서를 바르게 입력해서 답을 구해야 합니다. 그러기 위해서 학생들은 그 식을 계산기에 어떻게 입력할지 먼저 생각해야만 합니다. 학생들이 연산 순서의 규칙을 완전히 알지 못하는 경우 올바른 입력절차를 결정하기 위해 추측과 확인하기, 거꾸로 풀기 문제해결 전략을 사용할 수 있습니다. 이 문제를 해결하기 위해 학생들은 계산기의 메모리 기능을 사용하여 계산할 수도 있습니다.

한 걸음 더에서 학생들은 식을 만들기 위해 여러 가지 문제해결 전략을 사용해야 할 것입니다.

정답 및 풀이과정

문 1 1 8 × 5 − 4 1 =

문 2 2 2 5 ÷ − 1 5 + 3 5 =

문 3 2 3 + 6 7 × 9 =

문 4 3 6 0 ÷ 1 5 M+ 1 3 × 1 4 M+ MR

문 5 3 2 × 9 M+ 2 4 × 8 M- MR

문 6 혼합계산에서의 연산순서를 고려하지 않고 앞에서부터 차례대로 계산했기 때문입니다.

■ 한걸음더

문 7 $15 \times 16 - 18 \times 12$

활동 11 수 탐험

초등학교 4학년 반 이름 :

☆ 계산기에 48 이 나오게 해 봅시다.

주어진 표와 같이 + − × ÷ = 와 한 자리 숫자를 이용하여 계산기에 48 이 보이도록 해 봅시다.

입력한 횟수	1	2	3	4	5	6	7
입력한 키							
계산기에 나타난 결과							

문 1 몇 번의 과정을 거쳐 48이 나왔습니까? 위의 해결한 방법과 다르게 48이 되는 방법을 기록하여 봅시다. (단, 필요하면 칸을 늘리세요.)

입력한 횟수	1	2	3	4	5	6	7	8	9
입력한 키									
계산기에 나타난 결과									

한걸음더

문 2 + − × ÷ = 중 × 와 소수를 반드시 사용하여 계산기에 72 가 보이도록 해 봅시다. 72가 나오는 방법의 과정을 순서대로 표에 기록하여 봅시다.

입력한 횟수	1	2	3	4	5	6	7	8	9
입력한 키									
계산기에 나타난 결과									

활동명	수 탐험		
활동목표	수 탐구를 통해 다양한 연산과정을 경험할 수 있다.		
단계	4학년 1학기	단원	혼합계산

이렇게 지도하세요

교사는 학생들에게 다양한 연산을 통해 다양한 결과와 과정을 탐구할 기회를 제공해야 합니다. 이 활동을 하는 동안 학생들은 다양한 형태의 연산과 그 해결방법을 경험하게 될 것입니다. 교사는 학생들이 각각의 연산을 할 때 중심이 되는 수나 연산의 종류를 정하고 할 수 있도록 지도해야 합니다.

이 활동은 활동지에 제시한 대로 4학년 아동들에게 제시할 수 있을 뿐만 아니라 얼마든지 수정하여 저학년이나 고학년 또는 이미 이 학습을 완성한 학생들에게도 제시할 수 있습니다. 이를테면 저학년에게 이 활동을 수정하여 제시 할 경우에는 + − × 의 연산기호만을 사용하여 10과 같은 작을 수를 만들도록 할 수 있으며, 반대로 고학년이나 보다 심화된 활동을 하고자 할 때에는 위의 한걸음 더 활동과 같이 소수나 어떠한 특정 연산기호가 반드시 포함될 수 있도록 정하여 제시해 주는 것도 좋은 방법이 될 수 있을 것입니다.

이 활동은 학생들이 평소 사칙연산을 익히기 위해 반복적인 훈련을 할 때 유용하게 활용될 수도 있습니다. 왜냐하면 이 활동을 통하여 학생들은 토론의 기회를 많이 가질 수 있고, 어느 정도 수 감각을 발달시킬 수 있기 때문입니다. 또한 교사는 이 활동을 평가의 목적으로도 활용할 수 있을 것입니다.

정답 및 풀이과정

이 활동에는 특별히 정해진 해결 방법이 없습니다. 학생들은 각자 계산기와 활동지를 하나씩 가지고 여러 가지 방법으로 해결 방법을 찾아 기록해야 할 것입니다.

그러나 경우에 따라

1 + 1 + 1 + 1 + ... = 48

의 방법으로 해결을 하는 학생이 있다면 보다 다양한 방법으로 연산을 하여 다양한 형태의 연산을 사용하도록 안내해 주거나 학생들 간의 토론을 통해 다양한 방법으로 계산할 수 있도록 유도할 수 있습니다.

활동 12 수를 쪼개어 계산하기

초등학교 4학년 반 이름 :

☆ 320 × 170을 다양한 방법으로 구해봅시다.

문 1 170을 여러 개의 수로 쪼개어 를 사용하여 각각의 수에 320을 곱하여 봅시다.

170을 쪼갠수	곱한 식	결과
100, 50, 20	(320×100)+(320×50)+(320×20)	

문 2 320을 여러 개의 수로 쪼개어 를 사용하여 각각의 수에 170을 곱하여 봅시다.

320을 쪼갠수	곱한 식	결과
300, 20	(300×170)+(20×170)	

한걸음더

문 3 320과 170을 모두 쪼개어 를 사용하여 계산하여 봅시다.

320을 쪼갠수	170을 쪼갠수	곱한 식	결과
300, 20	100, 70	(300×100)+(20×100)+(300×70)+(20×70)	

활동명	수를 쪼개어 계산하기		
활동목표	학생들의 유연한 암산능력과 큰 수의 암산능력을 기를 수 있다.		
단계	4학년 1학기	단원	혼합계산

이렇게 지도하세요

반복적으로 계산하는 활동들 역시 학생들에게 꼭 필요한 활동입니다. 학생들은 반복적으로 계산하는 활동에서 수를 가지고 놀고, 그 수를 여러 개로 나누어 보고, 추측할 수 있도록 하는 다양한 기회를 가지게 됩니다. 학생들은 각자 자신들이 알아낸 결과들을 학급 친구들에게 소개하고 토론해 보는 기회를 가질 필요가 있습니다. 다양한 방법으로 자신들이 배운 것들에 관하여 접근해 봄으로써 학생들은 자신만의 계산 방식이 들어있는 일종의 "연산상자"를 보다 형식화하고 다듬을 수 있습니다. 따라서 본 활동에서 교사는 학생들에게 다음의 절차에 따라 지도할 수 있습니다.

첫째, 320×170을 계산할 수 있는 서로 다른 4가지 방법을 찾습니다.

둘째, 위에서 찾은 방법과는 다른 방법들을 더 찾습니다.

셋째, 여러 가지 계산 방법을 찾아보는 가운데 자신이 발견한 규칙을 설명합니다.

정답 및 풀이과정

문 1

70을 쪼갠수	곱한 식	결과
100, 50, 20	(320×100)+(320×50)+(320×20)	32000+16000+6400=54400
100, 70	(320×100)+(320×70)	32000+22400=54400
50,50,50,20	(320×50)+(320×50)+(320×50)+(320×20)	16000+16000+16000+6400=54400

문 2

320을 쪼갠수	곱한 식	결과
300, 20	(300×170)+(20×170)	51000+3400=54400
100,100,100,20	(100×170)+(100×170)+(100×170) +(20×170)	17000+17000+17000 +3400=54400
200,60,60	(200×170)+(60×170)+(60×170)	34000+10200+10200=54400

한걸음더

문 3

320을 쪼갠수	170을 쪼갠수	곱한 식	결과	
300, 20	100	(300×100)+(20×100)	32000	54400
	70	(300×70)+(20×70)	22400	
200, 60, 60	100	(200×100)+(60×100)+(60×100)	32000	54400
	50	(200×50)+(60×50)+(60×50)	16000	
	20	(200×20)+(60×20)+(60×20)	6400	

활동 13 계산기와 경기하기

초등학교 4학년 반 이름 :

짝과 함께 하는 활동입니다. 한 명은  로 계산을 하고 다른 한 명은  를 사용하지 않고 계산을 합니다. 먼저 '가' 를 하고 역할을 바꾸어 '나' 를 합니다.

가	나
1. 450+250	1. 360+240
2. 978−378	2. 8734−3734
3. 862−751	3. 619−508
4. 263+975−263	4. 983−458+458
5. 3×2×4×2	5. 2×5×3×4
6. 10×5×2×63	6. 20×5×18
7. 6754×385×0	7. 6374×273×0
8. 300×40	8. 800×700
9. 5×95×2	9. 50×2×6
10. 7600÷100	10. 630÷10

'가' 는 를 사용한 것과 하지 않은 것 중 어느 경우에 문제를 먼저 해결했나요? '나' 는 어느 경우에 문제를 먼저 해결 하였나요?

 를 사용하는 것이 항상 빠릅니까?

 를 사용하지 않고 쉽게 계산하는 방법에는 어떤 것이 있었습니까?

한걸음더

 를 사용하지 않고 239×99의 곱을 구해 봅시다. 계산을 좀 더 쉽게 하기 위해 문제를 어떻게 바꾸면 될까요?

활동명	계산기와 경기하기		
활동목표	계산기와 암산을 사용하여 답을 내기		
단계	4학년 1학기	단원	혼합계산

이렇게 지도하세요

이 활동을 통해 학생들에게 답을 얻기 위한 방법으로 계산기를 사용하는 것이 항상 가장 빠른 방법은 아니라는 것을 알게 할 수 있습니다. 학생들은 계산기를 사용하는 것보다 암산을 쉽게 할 수 있도록 감각을 기르도록 해야 할 것입니다. 평소 학생들의 목표는 되도록 문제를 빨리 해결하는 것입니다. 따라서 종종 문제를 해결하기 전에 문제를 주의 깊게 살펴보지 않는 경우가 생깁니다. 7번 문제는 만일 학생들이 처음에 문제 전체를 본다면 즉시 0이라는 결과를 알 수 있고 어떠한 계산도 필요로 하지 않다는 것을 알게 됩니다. 학생들은 수학에서 "시간을 절약하기 위해 시간을 써야만 한다"는 것을 깨달을 필요가 있습니다.

학생들은 계산기 사용에 있어서 사용이 적절하고 필요할 때 사용하는지, 암산이나 종이와 연필로 하는 계산보다 답을 더 빨리 구할 수 있는지를 결정해야 합니다. 교사는 학생들과 함께 이 점을 분명히 논의하는 것이 좋습니다.

정답 및 풀이과정

'가' 문제를 해결한 후 계산기를 사용하지 않은 학생에게 어떤 방법으로 계산했는지를 질문하여 쉽게 계산하는 방법을 논의하는 것이 좋습니다. '나' 문제를 해결한 후에도 똑같이 논의를 함으로써 학생들은 효율적인 계산 방법을 알게 될 것입니다. 학생들은 문제를 좀 더 쉽게 계산하거나 다양한 방법으로 계산하는 능력을 길러야 합니다. 한 걸음 더는 답이 다양할 수 있으나 한 가지 가능한 대답은 $239 \times 100 - 239$입니다.

활동 14 계산 방법 선택하기

초등학교 4학년 반 이름 :

문 1 우리는 어떤 경우에 계산기가 필요할까요? 계산기가 필요하지 않은 경우는 어떤 경우일까요?

계산기가 필요한 경우 :

계산기가 필요하지 않은 경우 :

문 2 아래 제시된 식에 대해 자신이 선택한 계산 방법과 그 방법을 선택한 이유에 대해 적어 보세요.

문제	계산방법(암산, 계산기, 종이와 연필)	선택한 이유
14+21		
79+42		
7×9		
20×40		
600÷30		
400÷25		

한걸음더

문 3 암산이 가장 좋은 방법이라고 생각되는 두 개의 식을 고르시오.

1. 2.

이유:

문 4 종이와 연필을 이용하여 계산하는 것이 좋은 두 개의 식을 고르시오.

1. 2.

이유:

문 5 계산기를 이용하는 것이 좋은 두 개의 식을 고르시오.

1. 2.

이유:

활동명	계산 방법 선택하기		
활동목표	암산, 계산기, 종이와 연필 중 효과적인 방법 선택할 수 있다.		
단계	4학년 1학기	단원	혼합계산

이렇게 지도하세요

이 활동에서 학생들은 계산기를 사용하기 전에 계산기에 대해 생각해보고, 계산기를 사용하기 위한 가장 적당하고 효과적인 방법에 대해 생각할 수 있는 기회를 가질 수 있습니다. 주어진 식을 보고 암산이 좋은지, 계산기가 좋은지, 종이와 연필로 계산하는 것이 좋은지를 선택하게 한 다음, 왜 학생들이 그러한 계산 방법을 택했는지를 설명하도록 합니다. 교사는 학생들의 대답을 통하여 학생들의 사고과정, 자신이 연산 방법으로 선택한 것에 대해 어느 정도 확실함을 가지고 있는지, 그리고 학생들이 잘못 이해하고 있는 것에 대한 정보를 얻을 수 있습니다. 이 활동을 통해 무조건 계산기를 사용하기보다는 필요한 곳에 계산기를 이용하는 것이 좋다는 것을 알 수 있을 것입니다.

정답 및 풀이과정

문 1 (예) 계산기는 복잡한 수를 계산할 때나 큰 수의 곱셈과 나눗셈을 할 때 필요하다. 계산기가 필요하지 않는 경우는 간단한 수를 계산하거나 더하기나 빼기를 할 경우이다.

문 2 생략

■ 한걸음더

문 3 (예)7×9, 20×40. 이유 : 곱셈 구구를 알고 있기 때문에 쉽게 계산할 수 있다.

문 4 (예)14+21, 600÷30 이유 : 계산이 간단하여 종이와 연필을 사용하는 것이 좋다.

문 5 (예)79+42, 400÷25 이유: 계산이 복잡하다. 또는 받아올림이 있고 숫자가 큰 나눗셈 문제이다.

활동 15 7 을 사용하지 않기

초등학교 4학년 반 이름 :

문 1 의 7 이 부서져 사용할 수 없게 되었어요.

의 7 을 사용하지 않습니다. 그러나 계산의 결과로 7이 나오면 계산기의 화면에서 7을 볼 수는 있습니다. 단지 7을 직접 입력할 수 없을 뿐입니다. 주어진 숫자가 나오게 하기 위해 계산기에 입력하는 방법을 두 가지 써 봅니다.

	숫자	입력
1	707	(예)방법1. 6 9 1 + 1 6 =
		방법2.
2	47+29의 답	방법1.
		방법2.
3	376+457의 답	방법1.
		방법2.
4	767−589의 답	방법1.
		방법2.
5	854−278의 답	방법1.
		방법2.
6	27×64의 답	방법1.
		방법2.

한걸음더

문 2 에서 사용할 수 있는 키가 다음에 나오는 것뿐이라고 합니다. :

1 , 2 , 8 , + , − , × , ÷ , = 36×63을 어떻게 구할 수 있을까요?

활동명	7 을 사용하지 않기		
활동목표	값을 구하는 식에서 수학적 지식을 적용할 수 있다.		
단계	4학년 1학기	단원	혼합계산

이렇게 지도하세요

계산기의 특정한 키를 사용하지 않을 경우 학생들은 식을 어림하기 위해 수학적 지식과 암산을 적용할 수 있어야 합니다. 주어진 식을 포함하는 계산은 계산기 없이도 충분히 할 수 있을 만큼 쉬운 것입니다. 그러나 중요한 것은 학생들이 다양한 방법으로 문제를 해결할 수 있는가 입니다. 이 활동에서 학생들은 덧셈이나 곱셈, 분배에 관한 지식을 적용할 수도 있을 것입니다. 학생들은 수학적 사고를 함으로써 이런 지식을 어떻게 사용하는지 알 수 있게 될 것입니다.

모든 활동에서 학생들이 사고의 과정에 대해 논의를 하고 문제의 또 다른 해결 방법을 찾도록 하는 것이 중요합니다. 학생들은 소집단으로 활동하면서 학습하는 것이 효과적일 것입니다.

한걸음 더 활동을 하기 위해서, 학생들은 사용하는 키의 다양한 조합 방법을 발견해야 할 것입니다. 한 가지 가능한 해결 방법으로 학생들이 9×4×9×7을 36×63으로 생각하고 요소를 변화시킨다면 학생들은 9×9×4×7이나 81×28을 얻게 될 것입니다.

정답 및 풀이과정

문 1 699+8

(46+1)+29, 48+28, 46+30

(350+26)+(455+2), 380+453

666+101−589, 800−622

854－268－10, 854－280+2

9×3×64, 26×64+64, (25+2)×64

■ 한걸음더

문 2 36×63은 81×28

활동 16 곱셈식의 규칙 찾기

초등학교 4학년 반 이름 :

☆ 37의 곱셈식에서 규칙을 찾아봅시다.

문 1 다음 식의 곱을 계산기를 이용하여 구합니다.

37×3		
37×6		
37×9		

문 2 위의 식에서 발견한 규칙은 무엇입니까?

문 3 발견한 규칙을 사용하여 다음 계산의 답을 추측하여 보고 계산기를 사용하여 자신의 추측이 맞는지 확인하여 봅시다.

계산식	규칙에 따라 추측한 답	계산기로 구한 답
37×12		
37×15		
37×18		
37×21		

문 4 다음 식을 계산기를 활용하여 계산하여 규칙을 발견해 봅시다.

계산식	계산결과	발견한 규칙
① 99×13		
② 99×24		
③ 99×35		

문 5 4번의 규칙에 따라 ①~④까지의 답을 추측하여 계산식의 곱을 써 봅시다. 그리고 자신이 추측한 것이 맞는지 계산기를 활용하여 검토하여 봅시다.

계산식	추측한 답	계산결과
① 99×46		
② 99×57		
③ 99×68		
④ 99×79		

활동명	곱셈식의 규칙 찾기		
활동목표	계산기를 활용한 문제해결을 통하여, 규칙성과 관계를 이해할 수 있다.		
단계	4학년 1학기	단원	문제푸는 방법 찾기

■ 이렇게 지도하세요

이 활동을 통해 학생들은 계산기를 사용하여 답을 구하고 구한 곱의 규칙성과 관계에 대하여 생각 할 수 있어야 합니다. 이 활동을 하는 가운데 학생들은 위의 모든 식을 직접 계산하지 않고, 처음의 3개의 식만을 계산하여도 식 안에서 보이는 규칙성을 발견할 수 있을 것입니다. 또한 그 규칙성을 사용하여 나머지 4개 식의 답을 추론할 수 있을 것입니다.

본 활동을 마친 후에는 다음의 식들을 더 제시할 수 있습니다. ①-③을 계산기로 구한 후 ④-⑦을 추측하여 구합니다.

계산식	계산결과	발견한 규칙	추측한 답 입력
① 143×7			
② 143×14			
③ 143×21			
④ 143×28			
⑤ 143×35			
⑥ 143×42			
⑦ 143×49			

■ 정답 및 풀이과정

문 1 111, 222, 333

문 2 예: 곱의 1의 자리 수가 곱의 답이 됩니다.

3단 곱셈 구구의 수로 된 세 자리 수입니다. 37×6에서 6은(3×2)이므로 222

문 3 학생들이 발표한 규칙으로 답을 구하게 한 후 계산기로 확인합니다. 예: 444, 555, 666, 777

문 4 1287, 2376, 3465, 규칙의 예: 99에 곱해지는 수에서 1을 뺀 것이 천과 백의 자리 수가되고 십, 일의 자리 수는 99에서 천, 백의 자리 수를 뺀 수가 됩니다. 99×13에서 13-1인 12가 1200이 되고 99-12=87을 구해서 1287을 구합니다.

문 5 ① 4554, ② 5643, ③ 6732, ④ 7821

활동 17 정확히 입력하기

초등학교 4학년 반 이름 :

문 1 아래 표에 제시된 수를 순서대로 계산기에 입력합니다. 수를 입력한 후에는 반드시 + 를 누르도록 합니다. "확인 수"에 제시된 결과와 같은 결과가 나왔는지 확인해 봅시다. 맞으면 확인 칸에 ○를 합니다.

1		2		3		4	
0.007 0.53 0.409 0.014 0.04 확인 수 = 1.0		0.46 0.003 0.08 0.057 확인 수 = 0.6		0.64 0.009 0.27 0.1 0.005 확인 수 = 1.024		0.079 0.2 0.089 0.46 0.002 확인 수 = 0.83	
확인		확인		확인		확인	

5		6		7		8	
0.36 0.01 0.078 0.502 0.05 확인 수 = 1.0		0.5 0.04 0.302 0.109 확인 수 = 0.951		0.007 0.05 0.021 0.104 0.178 확인 수 = 0.36		0.005 0.51 0.004 0.08 0.001 확인 수 = 0.6	
확인		확인		확인		확인	

문 2 위의 활동에서 확인 수와 같은 결과가 나오지 않았다면 그 이유는 무엇일까요?

한걸음더

문 3 다음 수를 계산기에 입력하여 그 결과(1.949)를 확인해 봅시다.

0.024 + 0.5 + 0.316 + 0.009 + 0.204 + 0.03 + 0.053 + 0.404 + 0.001 + 0.408 =

활동명	정확히 입력하기		
활동목표	소수의 자리 수를 정확히 이해하고 읽을 수 있다.		
단계	4학년 1학기	단원	소수의 덧셈과 뺄셈

이렇게 지도하세요

학생들은 계산기를 사용하면 절대적으로 옳은 답이 나온다고 생각할 것입니다. 그러나 계산기에 입력하는 과정에서 실수가 생길 수 있으므로 계산기로 계산한다고 반드시 옳은 답이 나오는 것은 아닙니다. 이 활동에서는 학생들이 소수를 정확하게 읽고 계산기에 정확하게 입력하는 연습을 합니다. 그리고 계산기에 바르게 입력하는 것이 중요하다는 것을 알고 소수의 자리 수를 정확히 이해하며 읽고 쓸 수 있어야 합니다.

'한 걸음 더' 는 보다 복잡한 소수의 계산입니다. 또한 가로로 되어있기 때문에 덧셈을 할 때 어려워 할 수 있습니다. 수를 하나씩 차례로 읽어 가면서 계산기로 계산하는 연습을 합니다.

정답 및 풀이과정

문 1 학생들은 1번부터 8번까지 제시된 수를 큰 소리로 읽으면서 계산기에 입력합니다. 수와 수 사이에는 + 를 입력하고 마지막 수 다음에는 = 을 입력합니다. 그 결과가 정확하게 확인 수와 일치하는지 확인해 봅니다.

문 2 생략

한걸음더

문 3 생략

활동 18 식 완성하기

초등학교 4학년 반 이름 :

☆ 다음의 덧셈 문제는 식의 숫자에 소수점이 빠져있습니다. 문제의 합에 맞도록 필요한 자리에 소수점을 넣어 봅시다. 구한 답이 맞는지 계산기로 확인해 봅시다.

문 1 245 + 82 = 3.27

문 2 519 + 283 = 33.49

문 3 893 + 247 = 114

문 4 5 + 7 + 9 = 2.1

문 5 26 + 357 + 4 = 38.7

☆ 다음의 뺄셈 문제는 차의 숫자에 소수점이 빠져있습니다. 알맞은 답이 되도록 차에서 소수점을 넣어 봅시다.

문 6 2.4 − 1.36 = 104

문 7 5 − 3.742 = 1258

문 8 5.01 − 3.89 = 112

▪ 한걸음더

문 9 다음에 주어진 소수의 계산은 +와 −가 빠져 있습니다. 주어진 답에 맞게 식의 에 +나 − 표시를 알맞게 넣어 봅시다.

8.4 3.7 2.9 8.4 6.7 = 9.3

활동명	식 완성하기		
활동목표	소수의 합리적인 합과 차를 결정할 수 있다.		
단계	4학년 1학기	단원	소수의 덧셈과 뺄셈

■ 이렇게 지도하세요

학생들은 이 활동에서 합과 차의 문제에 맞게 소수점이 놓여야 하는 곳을 어림할 수 있어야 합니다. 그리고 특정한 조건에 맞는 답을 만들 수 있도록 어림할 수 있어야 합니다. 답을 확인하기 위해 계산기를 사용할 수 있습니다.

1-5번 문제에서는 빠진 소수점을 넣기 위해서 자리값에 대한 감각을 통하여 더하는 수와 더해지는 수의 상대적 크기를 결정할 수 있습니다. 또한 소집단별 토의를 통해 소수점이 놓일 위치를 결정할 수도 있습니다.

6-8번 문제에서는 뺄셈의 결과에 소수점이 놓일 위치를 결정하는 것입니다. 학생들은 소수점의 위치를 결정하기 위해 계산활동을 하는 것이 아니라 추론을 하거나 어림셈을 할 수 있어야 합니다.

4번 문제에서 학생들은 계산기에 .5를 입력하면 표시창이 0.5가 나타납니다. 계산기는 수가 자연수 부분을 가지지 않을 때, 항상 자연수 자리에 0이 나옵니다. 더 나아가, 합이 114.0인 3번 문제에서, 계산기에는 소수 첫째 자리에 있는 0이 나오지 않습니다. 학생들은 소수를 다룰 때, 소수점의 오른쪽 끝부분에 0으로 나타나는 것은 생략할 수 있다는 것을 이해하며 계산기에 0이 나오지 않는 것도 이해할 것입니다.

한 걸음 더에서 학생들은 주어진 수 사이에 오는 덧셈, 뺄셈 기호를 결정해야 합니다. 계산기를 활용함으로써 학생들은 쉽게 시도해 보고 고칠 수 있을 것입니다.

정답 및 풀이과정

문 1 2.45 + .82

문 2 5.19 + 28.3

문 3 89.3 + 24.7

문 4 5 + .7 + .9

문 5 2.6 + 35.7 + .4

문 6 1.04

문 7 1.258

문 8 1.12

한걸음더

문 9 8.4 − 3.7 + 2.9 + 8.4 − 6.7 = 9.3

활동 19 도서실 이용요금

초등학교 4학년 반 이름 :

☆ 5000원을 내고 도서실의 회원이 되면, 입장할 때 800원을 내야하고, 회원이 아닌 사람(비회원)은 1350원을 내야합니다..

문 1 회원인 사람이 도서실을 한 번 이용할 때 내는 돈은 얼마입니까? 또, 비회원이 도서실을 한 번 이용할 때 내는 돈은 얼마입니까?

문 2 이용횟수에 따라 달라지는 요금의 액수를  로 계산하여 표를 완성합니다.

이용횟수	1회	2회	3회	4회	5회	6회	7회	8회	9회	10회	11회
회원											
비회원											

문 3 회원이 비회원보다 적은 돈을 내고 도서실을 이용하게 되는 때는 몇 번째 이용할 때부터입니까?

문 4 표를 이용하여 꺾은선 그래프를 그려보시오. 단, 회원과 비회원을 나타내는 선을 다르게 나타냅니다.

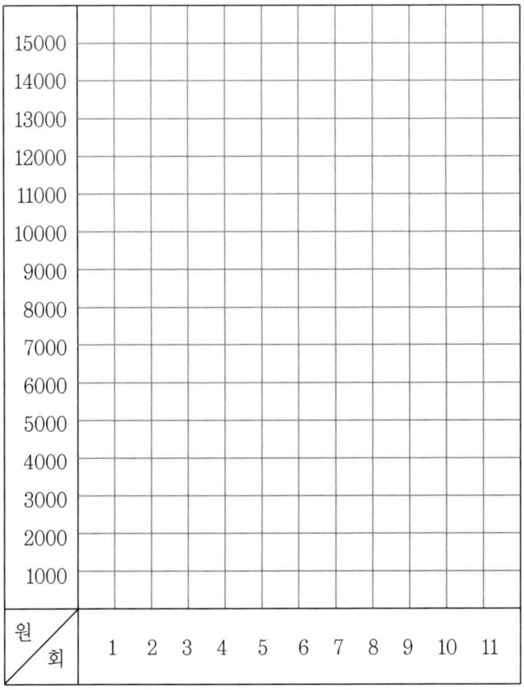

문 5 두 선이 만나는 점은 무엇을 나타냅니까?

활동명	도서실 이용 요금		
활동목표	자료를 계산하여 꺾은선그래프로 나타낼 수 있다.		
단계	4학년 2학기	단원	꺾은선그래프

이렇게 지도하세요

이 활동의 상황은 실생활에서 쉽게 접할 수 있는 문제입니다. 따라서 이러한 문제 상황을 학생들은 해결해 본 적이 있을 것이고, 반드시 계산기를 이용해야 할 필요성을 느끼지 못할 수도 있습니다. 그러나, 본 내용에는 꺾은선그래프 그리기라는 내용이 포함되어 있어 학생들에게 많은 어려움을 줍니다.

교과서에서 제시되는 꺾은선그래프 그리기 문제는 제시되는 수의 크기가 작은데 비해 본 활동지에서 수는 크기가 크고, 교과서에서는 제시된 값을 그래프로 나타내는 것을 중점적으로 다루고 있는데 반하여 본 활동지에서는 계산기를 이용하여 자료의 값을 구해야 합니다.

이 활동에서 그래프를 그리지 않아도 회원과 비회원의 비용에 대한 이해를 마칠 수 있습니다. 따라서, 수업시간에 제시할 때에 본 활동지의 해결의 중점을 꺾은선그래프 그리기에 두지 말고, 회원이 더 이익이 되는 순간을 찾는데 초점을 두도록 해야 할 것입니다. 꺾은선그래프 그리기는 2차적인 문제로 접근해야 할 필요가 있습니다.

정답 및 풀이과정

문 1 회원은 5800원, 비회원은 1350원이 필요함

문 2

이용횟수	1회	2회	3회	4회	5회	6회	7회	8회	9회	10회	11회
회원	5800원	6600원	7400원	8200원	9000원	9800원	10600원	11400원	12200원	13000원	13800원
비회원	1350원	2700원	4050원	5400원	6750원	8100원	9450원	10800원	12150원	13500원	14850원

문 3 10회

문 4

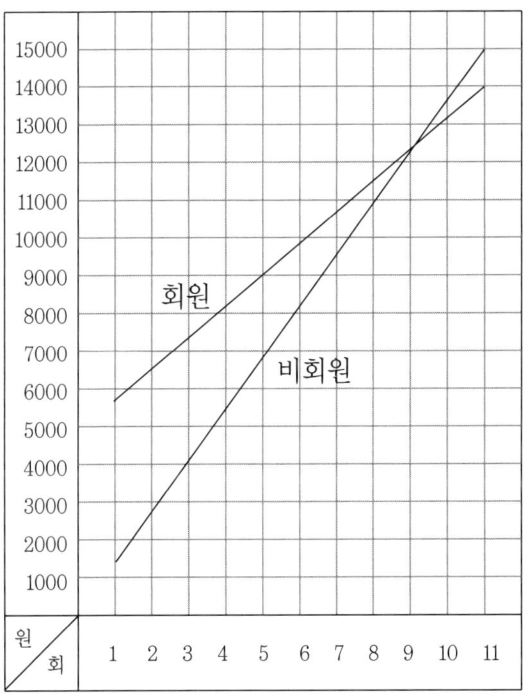

문 5 회원과 비회원이 사용한 돈의 액수가 같다

활동 20 이것을 완성할 수 있을까?

초등학교 4학년 반 이름 :

☆ 를 사용하여 주어진 문제를 풀어봅시다.

문 1 0-9까지의 수에서 여섯 개의 다른 숫자를 선택하여, 여섯 개의 숫자를 가지고 되도록 합이 가장 크게 만들 수 있는 세 자리의 수 두 개를 구해 봅시다.

(0, 1, 2, 3, 4, 5, 6, 7, 8, 9)

```
  □□□
+ □□□
───────
```

문 2 주어진 숫자 네 개를 모두 사용하여 차가 가장 작게 되는 두 자리의 수 두 개를 만들어 봅시다. (3, 5, 7, 9)

```
  □□
+ □□
─────
```

문 3 위 2번 문제에서 주어졌던 네 개의 숫자를 가지고 되도록 곱의 결과가 크게 되도록 곱셈 문제를 완성해 봅시다. (3, 5, 7, 9)

```
  □□□        □□
+ □□□      + □□
───────    ─────
```

■ 한걸음더

문 4 1, 3, 5, 7, 9를 모두 이용하여 두 자리 수 두 개와 한 자리 수 한 개를 만들어서 최종 결과가 가장 큰 짝수가 되도록 다음에 주어진 식을 완성 하여 봅시다.

□ × (□□ - □□)

활동명	이것을 완성할 수 있을까?		
활동목표	주어진 문제에 수와 연산 감각을 적용하여 문제를 해결할 수 있다.		
단계	4학년 2학기	단원	문제 푸는 방법 찾기

이렇게 지도하세요

이 활동에서 특정한 상황을 만족시키는 수들의 조합을 발견하기 위해서는 빠른 추측과 점검이 필요합니다. 이 경우 계산기를 사용하면 보다 효과적으로 수업을 진행할 수 있습니다. 학생들에게 주어진 상황을 실제로 만족시키는 것이 하나라는 것은 알려주지 않습니다. 학생들은 계산기를 가지고 다양한 조합을 시도해야 할 것입니다. 학생들은 소집단으로 활동하는 것이 더 좋습니다. 그리고 활동시간을 알맞게 주는 것도 중요합니다.

정답을 구했을 때, 학생들이 그것이 정확한 해결방법이라고 확신할 수 있도록 분석하는 것은 중요합니다. 각 문제에서 숫자의 집합을 달리하여 활동을 반복함으로써 학생들은 논의되어진 개념을 보다 잘 이해할 수 있게 될 것입니다.

한 걸음 더에서 학생들은 곱하는 수가 홀수일 때 짝수의 결과를 얻기 위해서는 차로부터 얻어지는 또 하나의 수가 짝수이어야 한다는 것을 알아야만 합니다. 게다가, 가장 큰 결과를 얻으려면 학생들은 차에서 가능한 가장 큰 짝수를 구해야 합니다.

정답 및 풀이과정

문 1 975+864=1839

문 2 93−75=18

문 3 753×9=6777, 73×65=4745

■ 한걸음더

문 4 $7 \times (95-13) = 574$

5학년

× −

÷ + √ =

0123456789

0123456789

0123456789

곱을 어림하고 확인하기

큰 수의 곱셈은 어떻게 하면 좋을까요?

배수 찾기

곱셈을 빠르게 하는 방법

분수를 소수로 바꾸기 (1)

분수를 소수로 바꾸기 (2)

수를 바꾸어 볼까요?

 의 기억 기능 이용하기

소수점은 어디에 찍을까요?

범위 맞추기 게임

소수점은 어디로 갈까요?

무슨 일이 일어났을까요?

목표 수에 가깝게

나눗셈의 몫 어림하기

다각형의 둘레의 길이 알아보기

도형의 넓이 구하기

평균 구하기

혼합 계산의 순서에 맞게 계산하기

이야기 문제에 알맞은 수 넣어기

활동 01 곱을 어림하고 확인하기

초등학교　5학년　　반　　이름 :

※ 6개의 수 중에서 주어진 결과를 얻을 수 있을 것이라고 생각되는 두 수를 선택하고  를 이용하여 곱을 알아보시오. 만약 주어진 결과를 얻었다면 성공 칸에 ○표 하고 만약 주어진 결과를 얻지 못했다면 실패 칸에 ×표 합니다. 실패했다면 다른 두 수를 선택하여 반복합니다.

번호	수	곱	선택		성공	실패
문 1	42, 32, 22, 28, 54, 26	1176				
문 2	41, 9, 36, 23, 18, 78	648				
문 3	18, 51, 28, 41, 38, 61	1558				
문 4	61, 31, 57, 33, 62, 67	2013				
문 5	63, 18, 9, 43, 28, 78	1764				

한걸음더

문 6 325에 곱해서 26000과 28600사이에 있는 수를 결과로 얻을 수 있는 모든 자연수를 찾아보시오. 그 범위 안에서 나올 수 있는 자연수 중 가장 작은 수는 얼마입니까? 가장 큰 수는 얼마입니까?

활동명	곱을 어림하고 확인하기		
활동목표	수의 결과를 어림하고  를 사용하여 확인할 수 있다.		
단계	5학년 1학기	단원	배수와 약수

이렇게 지도하세요

이 활동은 수 감각과 어림에 초점이 맞추어져 있습니다. 학생들은 제시된 6개의 수와 곱을 보고, 주어진 결과를 얻을 수 있을 것 같은 느낌이 드는 두 수를 예상하여 선택한 뒤  를 이용하여 결과가 되는지를 확인합니다. 이 활동에서는 예상의 회수를 최소화하기 위해 수 감각과 어림을 사용할 수 있는 능력을 키울 수 있게 하는데 그 목표가 있습니다. 무턱대고 두 수를 선택하기보다는 결과를 예상하고 어림해 보는 활동을 하게 되면 주어진 곱이 되는 두 수를 찾는 시도의 회수를 줄일 수 있습니다. 또, 주어진 곱과 선택하여야 할 두 수의 곱의 자리 수가 같다는 점, 선택한 두 수의 곱의 일의 자리 수와 주어진 곱의 일의 자리 수가 같아야 한다는 것을 발견하는 것이 두 수를 선택하기 위한 시도를 줄일 수 있다는 것을 발견하게 유도합니다. 학생들은 그들이 선택한 수들을 사용하는 전략을 말로 설명할 수 있어야 합니다. 또, 가능하면  사용은 주어진 수들을 단순히 계산해 보는 활동에서는 사용하지 않도록 하고, 어림과 수 감각에 초점이 맞추어져 있을 때  사용을 허락하도록 합니다.

한걸음더 는 학생들이 주어진 범위 안에서 결과를 산출할 수 있는 미지수들을 찾아낼 수 있도록 해야 합니다. 학생들은 주어진 수들과 주어진 산출결과를 어림하거나 미지수들을 찾아내기 위해 주어진 산출 결과를 나누어 보는 등의 예상-확인 활동을 포함하는 다양한 접근을 사용할 수 있습니다.

정답 및 풀이

문 1 42, 28

문 2 36, 18

문 3 38, 41

문 4 61, 33

문 5 63, 28

[풀이] 1번 문제에서 두 수를 곱하여 곱의 일의 자리가 6이 되는 경우는 42×28, 32×28, 22×28입니다. 이 중에서 십의 자리 수끼리의 곱이 1100에 가까운 수는 42×28이므로, 42×28의 결과를 확인하는 것이 계산을 쉽게 하는 방법이 됩니다.

한걸음더

문 6 가능한 자연수 : 81, 82, 83, 84, 85, 86, 87

가장 작은 수 : 81, 가장 큰 수 : 87

활동 02 큰 수의 곱셈은 어떻게 하면 좋을까요?

초등학교 5학년 반 이름 :

※ 를 이용하여 물음에 답하시오.

문 1 에 입력하여 계산 결과를 확인하시오.

1 0 0 0 0 0 0 × 6 9 5 2

문 2 화면에 나타난 결과는 무엇입니까?

문 3 위의 식을 를 활용하여 계산할 수 있는 방법은 무엇입니까?

활동명	큰 수의 곱셈은 어떻게 하면 좋을까요?		
활동목표	사용의 제한점을 통해 수의 분배법칙과 자리값을 이해하고 이용할 수 있다.		
단계	5학년 1학기	단원	배수와 약수

이렇게 지도하세요

이 활동은 큰 수의 계산 과정에서 학생들이 를 이용한 계산의 한계를 이해하고, 를 이용하여 계산하기 위한 다른 방법을 찾아보도록 하는 활동입니다. 이 활동을 하기 위해서는 가 100000027×6952의 답인 695200187704를 화면에 나타낼 수 있어야 합니다. 그러나 대부분의 는 최대한 8자리까지만 화면에 나타내도록 되어 있으므로 계산 결과를 알아보기 어렵습니다.(계산기에 따라 12자리까지 표현되는 것도 있습니다. 이러한 계산기를 사용할 때는 100000027을 10000000027과 같이 큰 수로 바꾸어 계산하도록 합니다)

이 문제를 해결하기 위해서는 수의 자리값의 개념에 대해 잘 알고 있어야 하고, 수의 자리값의 개념을 잘 알고 있는 학생이라면 100000027이라는 큰 수를 계산 가능한 두 수로 분해할 수가 있을 것입니다. 즉, 100000027을 100000000과 27의 합으로 나누어, 위의 식을 100000000×6952와 27×6952의 두 식으로 나타내 볼 수 있습니다. 첫 번째 식은 암산으로도 충분히 695200000000임을 알 수 있고, 두 번째 식은 를 활용하여 쉽게 답을 구할 수 있습니다. 이렇게 두 개의 식에서 각각 답을 구한 다음 그 결과를 더하면 원래의 답이 될 수 있음을 알게 지도하여야 합니다.

정답 및 풀이

문 1 생략

문 2 $_{E}$695.20187 (계산기에 따라 표현 방법에 차이가 있을 수 있다)

문 3 100000027×6952 = (100000000×6952) + (27×6952)이므로

① 암산이나 지필계산으로 100000000×6952= 695200000000

②  를 이용하여 2 7 × 6 9 5 2 = 187704

①+②를 구하면 695200000000+187704=695200187704

활동 03 배수 찾기

초등학교 5학년 반 이름 :

문 1 다음을  로 계산하여 나누어떨어지는지, 나머지가 있는지 알아봅시다.

계산식	나누어 떨어집니까? (○, ×)
50 ÷ 10	
270 ÷ 10	
5670 ÷ 10	
47580 ÷ 10	

문 2 위의 결과들을 통해 볼 때 8765420÷10 은 나누어떨어지겠습니까?

문 3 왜 그렇게 생각하였습니까?

문 4 10으로 나누어떨어지는 수들의 특징은 무엇이라고 생각합니까?

문 5 5로 나누어떨어지는 수들을 찾아 실제로 계산하여 봅시다.

예상 되는 수	실제 계산 결과

문 6 5로 나누어떨어지는 수들의 특징은 무엇입니까?

한걸음더

문 7 3,9 나 2,4로 나누어떨어지는 수들의 특징은 무엇인지 찾아봅시다.

활동명	배수 찾기		
활동목표	어떤 수로 나누어 떨어지는 수의 규칙과 관계를 찾을 수 있다.		
단계	5학년 1학기	단원	배수와 약수

이렇게 지도하세요

이 활동은 배수와 약수의 관계에 관한 이해를 발달시키고 나눗셈의 방법을 알게 하는 활동입니다. 교사는 일의 자리 수가 0인 수가 10으로 나누어 떨어짐을 보여준 후, 학생들에게  를 활용하여 검산을 해보도록 하며 아무리 큰 수라 하더라도 일의 자리 수가 0인 수는 모두 10으로 나누어떨어진다는 것을 발견하도록 유도합니다. 이 활동이 끝나면 학생들에게 다른 수로 나누어지는 수들에서 규칙을 찾을 수 있도록 격려합니다. 예를 들어 2 또는 5로 나누어떨어지는 수를 찾는다고 할 때 학생들은  를 활용하여 자신의 생각을 확인하고 점검하여 형식화할 수 있도록 하여야 하는 것이다.

한걸음더 에서는 자신이 찾은 규칙을 다른 여러 수들에 적용시켜 확인해 보고, 그 외의 다른 것들도 찾아보도록 합니다. 활동을 통해 학생들이 일단 약간의 배경지식을 가지게 되거나 어떠한 것을 이해하게 되면 일반화된 규칙과 관련시킬 수 있습니다. 예를 들어 어떤 수의 각 자리의 수들을 합하여 9의 배수가 되었다면, 그 수는 9로 나누어떨어진다는 것을 알 수 있습니다.

정답 및 풀이

문 1 ○, ○, ○, ○

문 2 나누어떨어질 것이다.

문 3 수의 모양이 이전에 계산한 것과 비슷하다, 일의 자리 수가 0이므로 10으로 나누어떨어진다.

문 4 일의 자리 수가 모두 0이다.

문 5 25÷5=7, 755÷5=151, 3265÷5=653, 560÷5=112

문 6 일의 자리 수가 0 또는 5이다

한걸음더

문 7 각 자리의 수를 모두 더하여 3의 배수가 되면 그 수는 3의 배수이고, 각 자리의 수의 합이 9의 배수이면 그 수는 9의 배수이다.

4의 배수는 끝 두 자리가 00으로 끝나거나 4의 배수이면 된다.

2의 배수는 일의 자리 수가 0,2,4,6,8이 되면 된다.

활동 04 곱셈을 빠르게 하는 방법

초등학교 5학년 반 이름 :

※  를 사용하여 다음을 계산하시오.(1~6)

문 1 15 × 15 ________________ 문 2 25 × 25 ________________

문 3 35 × 35 ________________ 문 4 45 × 45 ________________

문 5 각각의 곱셈 문제에서 발견할 수 있는 공통점은 무엇입니까?

문 6 곱의 결과와 곱하는 두 수 사이의 규칙은 무엇입니까?

문 7 위에서 발견한 규칙을 이용하여 75×75의 결과를 예상하시오.  로 확인하시오.

※ 위에서 발견한 규칙을 사용하여 다음 문제를 해결하고  로 답을 확인해 보시오.(8~9)

문 8 105 × 105 ________________ 문 9 125 × 125 ________________

한걸음더

※ 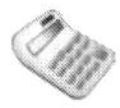 를 사용하여 다음 문제를 해결하시오.(10~13)

문 10 83×87 ________________　　문 11 94×96 ________________

문 12 72×78 ________________　　문 13 46×44 ________________

문 14 사용된 약수들과 곱을 관찰하시오. 십의 자리의 수가 같고 일의 자리 수의 합이 10이 되는 두 수의 곱에 대한 규칙은 무엇인가요?

활동명	곱셈을 빠르게 하는 방법		
활동목표	주어진 수의 곱을 규칙을 찾아 곱을 쉽게 구하는 방법을 알고 계산할 수 있다.		
단계	5학년 1학기	단원	배수와 약수

이렇게 지도하세요

이 활동은 학생들이 특정한 수의 제곱 또는 특별한 성질을 가지는 두 수의 곱을 수학적으로 사고하여 발견하는 방법을 찾는 활동입니다. 곱한 결과를 확인하기 위해  를 사용할 수 있습니다. 즉 수학에서 조사와 탐구를 장려하는 활동입니다.

일의 자리가 5인 수를 제곱했을 때, 곱한 수는 항상 25로 끝납니다. 또, 25에서 5 왼쪽의 숫자 2와 (2+1)을 곱하면 구하려고 하는 곱의 왼쪽 부분을 알 수 있게 됩니다. 예를 들어 25×25에서, 십의 자리 수 2와 1 큰 수(2+1=3)을 곱하여 6을 구합니다. 곱의 왼쪽 부분은 6, 오른쪽 부분은 25이므로 25×25=625가 됨을 발견하게 합니다.

한걸음더 에서는 주어진 수의 십의 자리의 숫자가 같고, 일의 자리 숫자들의 합이 10이 되는 관계가 있습니다. 결과적으로 곱한 수는 십의 자리의 숫자와 1 큰 수와의 곱을 앞부분에 놓고 곱하는 두 수의 일의 자리의 수를 곱한 결과를 그 뒤에 위치하게 하면 된다는 것을 알게 합니다.

정답 및 풀이과정

문 1 225

문 2 625

문 3 1225

문 4 2025

문 5 각 문제는 곱하는 두 수가 같다. 곱하는 두 수의 일의 자리 수는 모두 5입니다.

문 6 곱한 수는 25로 끝납니다. 곱의 왼쪽 부분은 곱하는 두 수의 5 왼쪽 부분에 있는 수와 그 수보다 1 큰 수를 곱한 결과이고, 오른쪽 부분은 25입니다.

문 7 5625

문 8 11025

문 9 15625

한걸음더

문 10 7221

문 11 9024

문 12 5616

문 13 2024

문 14 곱한 수는 십의 자리의 숫자와 1 큰 수와의 곱을 왼쪽에 쓰고, 일의 자리의 수끼리 곱한 수를 오른쪽에 쓰면 됩니다.

활동 05 분수를 소수로 바꾸기 (1)

초등학교 5학년 반 이름 :

일반적으로  에서는 분수 표현이 불가능합니다.  를 이용하여 분수를 계산하려면 분수를 소수로 바꾸어 사용하여야 합니다.
예를 들어, $\frac{1}{2}$ 은  에서 1 ÷ 2 = 을 누르면 0.5 가 됩니다.

※  를 사용하여 분수를 소수로 바꾸시오.(1~10)

분수	소수	분수	소수
문 1 $\frac{1}{4}$		문 2 $\frac{3}{4}$	
문 3 $\frac{1}{5}$		문 4 $\frac{4}{5}$	
문 5 $\frac{1}{8}$		문 6 $\frac{3}{8}$	
문 7 $\frac{6}{8}$		문 8 $\frac{7}{8}$	
문 9 $\frac{5}{16}$		문 10 $\frac{7}{16}$	

※  를 사용하여 분수를 소수로 바꾸어 크기를 비교하고, ○안에 〉, =, 〈를 알맞게 넣으시오.(11~13)

문 11 $\frac{3}{8}$ ○ $\frac{7}{8}$

문 12 $\frac{7}{8}$ ○ $\frac{7}{16}$

문 13 $\frac{3}{4}$ ◯ $\frac{6}{8}$

■ 한걸음 더

문 14 다음 분수들을 소수로 바꾸어 크기를 비교한 후, 가장 작은 수부터 순서대로 쓰시오.

$\frac{7}{8}$ $\frac{3}{4}$ $\frac{4}{5}$ $\frac{7}{16}$

(, , ,)

활동명	분수를 소수로 바꾸기 (1)		
활동목표	를 이용하여 분수와 같은 크기의 소수로 바꾸어 분수의 크기를 비교할 수 있다.		
단계	5학년 1학기	단원	약분과 통분

이렇게 지도하세요

일반적으로  에서는 분수 표현이 불가능합니다.  를 이용하여 분수 계산을 하기 위해서는 분수를 소수로 바꾸는 방법을 알고 소수로 바꾸어 계산하여야 합니다. 이 활동은 분수의 크기를 비교할 때 학생들이 주어진 분수를 소수로 바꾸는 방법을 이용하는 활동입니다. 예를 들어, 학생들은 $\frac{3}{4}$ 의 경우  에서 3 ÷ 4 를 누르고, 나온 소수를 표에 기록합니다.

문제 10번에서 동분모 분수의 크기는 분자의 크기에 따라 달라짐을 소수로 바꾸어 보는 활동을 통해 알아보게 됩니다. 문제 11번에서는 분모는 다르고 분자의 크기가 같을 때(동분자 이분모 분수) 분모의 크기가 작은 쪽이 크다는 것을 소수로 바꾸어 보는 활동을 통해 알아보게 됩니다. 문제 12번에서는 크기가 같은 분수는 같은 소수가 된다는 것을 보여줍니다. 표에서 주어진 분수들을 이용하여 학생들에게 다른 분수끼리도 비교해 보게 합니다.

학생들이 $\frac{1}{5}$ 과 $\frac{4}{5}$ 의 소수의 관계를 분석해 보게 함으로써 $\frac{4}{5}$ 의 소수 값은 $\frac{1}{5}$ 의 소수 값의 4배라는 것을 이해하도록 유도합니다. 이러한 관계를 이용하여 학생들에게 $\frac{3}{5}$과 $\frac{7}{5}$의 소수 값을 찾아보게 합니다.

정답 및 풀이과정

문 1 0.25

문 2 0.75

문 3 0.2

문 4 0.8

문 5 0.125

문 6 0.375

문 7 0.75

문 8 0.875

문 9 0.3125

문 10 0.4375

문 11 <

문 12 >

문 13 같다

한걸음더

문 14 $\frac{1}{16}$, $\frac{3}{4}$, $\frac{4}{5}$, $\frac{7}{8}$

활동 06 분수를 소수로 바꾸기 (2)

초등학교 5학년 반 이름 :

※ 를 이용하여 단위분수를 소수로 바꾸시오. 어림하여 분수의 소수값을 구한 후, 이용하여 알맞게 구했는지 확인하시오.

$$\frac{1}{5}$$

에서 1 ÷ 5 = 을 눌렀을 때, 화면에 나오는 결과를 쓴다.

문 1 $\frac{2}{5}$ = ______　　문 2 $\frac{3}{5}$ = ______　　문 3 $\frac{4}{5}$ = ______

문 4 $\frac{5}{5}$ = ______　　문 5 $\frac{6}{5}$ = ______　　문 6 $\frac{7}{5}$ = ______

문 7 $\frac{2}{4}$ = ______　　문 8 $\frac{3}{4}$ = ______　　문 9 $\frac{4}{4}$ = ______

문 10 $\frac{5}{4}$ = ______　　문 11 $\frac{6}{4}$ = ______　　문 12 $\frac{7}{4}$ = ______

문 13 $\frac{2}{8}$ = ______　　문 14 $\frac{4}{8}$ = ______　　문 15 $\frac{6}{8}$ = ______

문 16 $\frac{8}{8}$ = ______　　문 17 $\frac{10}{8}$ = ______　　문 18 $\frac{12}{8}$ = ______

활동명	분수를 소수로 바꾸기 (2)		
활동목표	단위 분수의 소수값을 이용하여 분수를 소수로 바꾸어 보고, 를 이용하여 결과를 확인할 수 있다.		
단계	5학년 1학기	단원	약분과 통분

이렇게 지도하세요.

이 활동의 목적은 크기가 같은 분수를 찾아보는 방법으로 를 이용하여 분수를 소수로 바꾸어 단위 분수의 소수값을 구한 후 이것을 이용하여 분수의 소수값을 예상하고, 로 확인해 보는 활동입니다. 에서는 일반적으로 분수 형태의 표현이 불가능하므로, 에서 분수를 쓰려면 분수를 소수로 바꾸는 방법에 대한 이해가 필요합니다. 이 활동에서는 분모가 같은 분수에서 분자가 변화하는 규칙을 찾아 분수의 소수값을 찾아볼 수 있도록 활동을 안내하면 학생들이 분수에서의 규칙적인 변화와 소수값에서의 규칙적인 변화에 대해 알게 될 것입니다.

문제 1~6은 분모가 5인 분수에서 분자가 1씩 커질 때 소수값의 변화를 발견하고, 문제 7~12는 분모가 4인 분수에서 분자가 1씩 커질 때 소수값의 변화를 발견하도록 유도하는 것이 활동의 의미를 학생들에게 인지시킬 수 있습니다. 문제 13~18은 분모가 8인 분수에서 분자가 2씩 커지는 경우에 소수값의 변화를 찾아보게 합니다. 본 활동의 변형으로 문제 7~18에서 소수값이 같은 분수를 찾아 비교해 보게 하면(예, $\frac{3}{4}$ 와 $\frac{6}{8}$) 크기가 같은 분수를 찾아보는 활동도 가능하고, 분수의 분자와 분모의 약분을 통하여 기약분수를 만드는 내용에 대하여 지도도 가능합니다.

정답 및 풀이

문 1 0.4　　문 2 0.6　　문 3 0.8

문 4 1

문 5 1.2

문 6 1.4

문 7 0.5

문 8 0.75

문 9 1

문 10 1.25

문 11 1.5

문 12 1.75

문 13 0.25

문 14 0.5

문 15 0.75

문 16 1

문 17 1.25

문 18 1.5

활동 07 수를 바꾸어 볼까요?

초등학교 5학년 반 이름 :

문 1 에 7345를 입력합니다. 이 수를 아래에 제시된 조건대로 바꾸어야 합니다. 어떤 계산을 해야 할까요? 아래 빈칸에 를 사용한 과정을 써 보시오.

	를 사용한 방법 및 결과
4를 0으로 바꾸어서 7305가 되도록 하시오.	
3을 2로 바꾼다.	
5를 9로 바꾼다.	

문 2 자신이 바꾸고 싶은 수를 선정한 후, 짝이 제시한 조건대로 수를 바꾸어 보시오.

* 선택한 수 :

조건	를 사용한 방법 및 결과

한걸음더

문 3 793.246에서 4를 소수 셋째자리로 옮긴 후, 4를 0으로 바꾸려고 합니다. 어떻게 해야 할까요?

활동명	수를 바꾸어 볼까요?		
활동목표	주어진 수에 수를 더하고 빼서 수 바꿀 수 있다.		
단계	5학년 1학기	단원	문제푸는 방법 찾기

이렇게 지도하세요

이 활동의 목적은  를 사용하여 학생들에게 각 자리 숫자를 바꿈에 따라 값이 어떻게 변하는지 이해시키는데 있습니다. 즉 이 활동의 중요한 특징은 학생들에게 숫자(즉. 2)는 이 숫자의 자릿값(즉. 20)과 어떻게 다른가에 대해 설명이 가능하다는 것입니다. 각 숫자를 바꾸는 활동 후에는 어떤 과정을 통해 그렇게 바꾸었는지 학생들에게 설명하게 하는 것이 좋습니다. 즉  에 어떻게 입력했으며 왜 그렇게 입력했는지를 설명하게 함으로써 학생이 자리값의 개념을 정확하게 이해하고 있는지를 확인할 수 있습니다. 2번 문제를 해결할 때는 학생들이 임의로 숫자를 정하여 1번에서의 과정을 거치도록 안내합니다.

정답 및 풀이

문 1 − 4 0 = 7305

− 1 0 0 = 7205

\+ 4 = 7309

문 2 생략(1과 같은 방법으로 진행하도록 한다)

한걸음더

문 3 4를 소수 셋째 자리로 옮기려면 ÷ 1 0 을 하면, 그 결과는 79.3246 이 되고, 여기서 − 0 . 0 0 4 를 하면 4를 0으로 바꿀 수 있다.

활동 08 의 기억 기능 이용하기

초등학교 5학년 반 이름 :

M+ : 기억된 수와 화면에 표시된 수를 더한다.

M- : 기억된 수에서 화면에 표시된 수를 뺀다.

MR : 기억되어 있는 결과를 표시한다.

MC : 기억된 수를 지운다(일부 에는 이 기능이 없는 경우도 있다.)

참고 : 일부 에서는 MC 와 MR 를 하나로 통합해 놓기도 했다.

일부 에서는 "완전 삭제"를 AC 키로 이용하기도 한다.

※ 다음 연습 문제를 따라 하면서 주어진 결과가 화면에 나타나는 지 확인하시오. 각각의 문제를 시작하기 전에 AC를 눌러 메모리와 결과를 모두 지우시오.

문 1 16×7+17×6　　결과 : 214　　16×7= M+ 17×6= M+ MR

문 2 55×5−44×4=　　결과 : 99　　55×5= M- 44×4= M+ MR

문 3 17×7+16×6+15×5+14×4+13×3+12×2+11　　결과 : 420

문 4 114÷19+104÷13　　결과 : 14

문 5 1000−25×25−14×14−3×3　　결과 : 170

문 6 15×15+15−16×16+16　　결과 : 0

문 7 $25\times25\times25-25\times25-25$ 결과 : 14975

문 8 $\frac{17}{25}+\frac{40}{64}$ 결과 : 1.305 17÷25= M+ 40÷64= M+ MR

문 9 $\frac{514}{125}+\frac{20}{32}$ 결과 : 3.487 (20÷32를 한 뒤에 M- 를 사용하시오)

문 10 $\frac{627+84+17}{137}$ 결과 : 15

한걸음더

문 11 미현이는 우표 수집을 하는데 우표 수집책의 16쪽까지는 24장씩 우표를 모았고, 37쪽까지는 19장씩 우표를 모았다고 합니다. 미현이의 우표 수집 책에는 우표가 모두 몇 장 있습니까?

문 12 31일인 달은 7달이고, 30일인 달은 4달이고, 28일인 달은 1번 있습니다. 모두 몇 일입니까?

활동명	 의 기억 기능 이용하기		
활동목표	 의 기억 기능을 이용하여 혼합 계산을 할 수 있다.		
단계	5학년 1학기	단원	문제 푸는 방법 찾기

이렇게 지도하세요

이 활동의 목적은  의 기억 기능을 이용하여 혼합 계산을 할 수 있게 하는 것입니다. 일반적으로 계산기를 기본적인 사칙 계산을 하기 위한 수단으로만 이용하는 것을 뛰어 넘어 계산기에 있는 기억 기능을 이용하면 혼합 계산까지도 가능하다는 것을 알도록 지도합니다. 계산기마다 약간씩 차이는 있지만 M+ M- MR MC 의 4가지 기능을 제공하고 있습니다. 공학용 계산기에서는 괄호 기능을 제공하여 기억 기능을 이용하지 않고도 혼합 계산을 쉽게 할 수도 있습니다. 이 활동에서는 기억 기능을 이용하여 혼합 계산을 할 수 있도록 4개의 키의 기능을 연습하는데 초점을 둡니다. 각각의 문제를 시작하기 전에 AC 를 눌러야 하는 이유를 활동 시작 전에 연습을 통해 깨닫게 하는 것도 올바른 계산을 위해 중요합니다. 계산 결과를 계산기에만 의존하지 않고 미리 계산의 결과를 어림하고 계산을 하면 중대한 오류를 막을 수 있습니다.

정답 및 풀이

문 1 1 6 × 7 = M+ 1 7 × 6 = M+ MR

문 2 5 5 × 5 = M+ 4 4 × 4 = M- MR

문 3 1 7 × 7 = M+ 1 6 × 6 = M+ 1 5 × 5 = M+ 1 4 × 4 = M+
1 3 × 3 = M+ 1 2 × 2 = M+ 1 1 M+ MR

문 4 1 1 4 ÷ 1 9 = M+ 1 0 4 ÷ 1 3 = M+ MR

문 5 1 0 0 0 M+ 2 5 × 2 5 = M- 1 4 × 1 4 = M- 3 × 3 = M- MR

문 6 1 5 × 1 5 = M+ 1 5 M+ 1 6 × 1 6 M- 1 6 M+ MR

문 7 2 5 × 2 5 × 2 5 = M+ 2 5 × 2 5 = M- 2 5 M- MR

문 8 1 7 ÷ 2 5 = M+ 4 0 ÷ 6 4 = M+ MR (분수는 나눗셈으로 계산한다)

문 9 5 1 4 ÷ 1 2 5 = M+ 2 0 ÷ 3 2 = M- MR

문 10 6 2 7 M+ 8 4 × 1 7 = M+ MR ÷ 1 3 7 = ($\frac{627+84+17}{137}$ =(627+84×17)÷137로 바꾸어 생각해야 하므로, 627+84×17의 계산 결과를 구한 뒤 137로 나누어야 한다.)

한걸음더

문 11 식 : 16×24+(37−16)×19=783(장)

계산기를 이용하면, 1 6 × 2 4 = M+ 3 7 − 1 6 × 1 9 = M+ MR

문 12 식 : 31×7+30×4+28=365(일)

계산기를 이용하면 3 1 × 7 = M+ 3 0 × 4 = M+ 2 8 M+ MR

활동 09 소수점은 어디에 찍을까요?

초등학교 5학년 반 이름 :

문 1 유성이의  는 . 버튼이 고장났습니다. 그래서 . 를 찍지 못해 자연수의 계산으로만 계산했더니 다음과 같은 결과가 나왔습니다. 표의 결과에 소수점의 위치를 예상하여 찍으시오.

계산 식	결과
376.74+239.2	61594
7.51−0.04	747
32.56×2.1	68376

문 2 자신이 예상한 것이 맞는지  를 사용하여 확인하시오.

문 3 소수끼리의 사칙 계산에서 계산 결과에 소수점을 찍는 방법에 대해 알게 된 점을 쓰시오.

활동명	소수점은 어디에 찍을까요?		
활동목표	소수끼리의 사칙 계산에서 계산 결과의 소수점의 위치를 알 수 있다.		
단계	5학년 2학기	단원	소수의 곱셈

이렇게 지도하세요

이 활동은 학생들에게 소수끼리의 사칙 계산에서 소수점의 위치를 정하는 방법을 알게 하는 것입니다. 학생들에게  와 연필, 기록할 종이를 나누어 주고 각자 문제를 탐구하게 합니다. 교사는 학생들이 어느 정도 문제를 해결 했을 때 왜 소수점을 그곳에 찍었는지 등에 대해 설명해 보도록 할 수 있으며 이때 학생은  를 이용하여 자신의 해결 방법을 설명할 수 있습니다.

활동이 의미를 갖기 위해서는 먼저 결과를 어림하고, 어림한 결과를 확인하기 위해  를 사용하도록 합니다. 학생들은 어디에 소수점을 찍어야 하는지에 대한 규칙 – 등식 양쪽에 있는 소수의 소수점 아래의 수를 같게 하는 것 – 을 스스로 탐구를 통해 발견하는 것이 좋습니다. 예를 들어 7.5 ×6.25의 답은 75×625로 생각하여 계산하면 곱은 46875입니다. 답을 구한 후 학생은 원래 식의 소수점 아래의 숫자의 개수를 세는데 여기서는 7.5의 소수점 아래 한 자리와 6.25의 소수점 아래 두 자리를 합하여 곱은 소수점 아래 세 자리가 되어야 합니다. 그러므로 46875의 오른쪽에서부터 세 자리, 즉 46.875가 됩니다.

학생들은 이러한 규칙들을 소수에 대한 이해를 적게 하고도 사용할 수 있습니다. 학생들이 만약 규칙을 강조하는 활동을 많이 해 왔고 그러한 활동들을 다시 문제 해결에 반영하며, 자신의 수 감각을 발달시켜 왔다면 이 활동의 목적을 달성하는 데에는 시간이 많이 걸리지 않을 것입니다.

■ 정답 및 풀이

문 1 615.94 , 7.47 , 68.376

문 2 생략

문 3 덧셈과 뺄셈 : 더하고 빼는 두 소수의 소수점의 위치와 합 또는 차의 소수점의 위치가 같다.

곱셈 : 곱의 소수점의 위치는 곱하는 두 소수의 소수의 소수점 아래 자리 수끼리의 합과 같다.

활동 10 범위 맞추기 게임

초등학교 5학년 반 이름 :

문 1 다음 순서에 따라 활동하면서 과정을 표에 완성해 봅시다.

① 3명이 1모둠을 구성하고, 모둠원끼리 순서(1번, 2번, 3번)를 정합니다.  는 모둠별로 1개만 이용합니다.

② 모둠의 1번은 수의 범위를 정합니다.
(예, 150~200 또는 1512~1633)

③ 모둠의 2번은 시작수를 정하고  에 입력합니다.

④ 모둠의 3번은 × 를 누르고 곱하는 수를 입력한 후 = 를 누릅니다.

⑤ ④의 과정을 모둠의 1,2,3번 순서로 결과가 ②에서 정한 범위가 될 때가지 반복합니다.

⑥ ②에서 정한 범위의 수가 나오면 활동을 끝내고, ②에서 정한 범위의 수를 나오게 하는 사람이 게임에서 이깁니다.

범위			
시작 수			
곱하는 수	×		결과 :
	×		결과 :
	×		결과 :
	×		결과 :
	×		결과 :

문 2 자신이 계산하기 바로 전의 학생의 계산은 자신이 수를 입력하는데 도움이 되었습니까?

한걸음더

문 3 범위를 자연수가 아닌 소수로 정하고 게임을 계속하여 보시오.

활동명	범위 맞추기 게임		
활동목표	자연수, 소수의 곱셈을 이해하고, 계산 결과를 예상할 수 있다.		
단계	5학년 2학기	단원	소수의 곱셈

이렇게 지도하세요

이 활동은 자연수와 소수에서의 곱셈의 결과를 예상하고 적절한 추론 능력을 기르게 하기 위한 활동입니다. 이 활동은 모둠별로  하나씩 가지고 시작합니다. 학생 1이 수의 범위를 정하고 학생 2가 시작수를 정한 후  에 입력합니다. 그리고 나서 다음 학생부터 차례로 × 와 수를 입력하여 범위 안에 수가 들어오도록 하는 활동입니다. 이 활동을 완성하기 위해서는 자연수만을 곱해서 될 것이 아니라 소수 예를 들어 0.9 등도 곱해야 한다는 것을 발견하게 될 것입니다. 이 문제의 해결에서 주목할 것은 이전의 학생이 수를 잘못 어림하여 범위의 수보다 더 큰 수가 보이게 했을 때 1보다 작은 소수를 곱하면 원래의 수보다 곱이 작아진다는 것을 생각하도록 유도해야 합니다.

한걸음더 는 자연수의 범위가 아닌 소수의 범위에서 범위에 있는 수를 찾는 활동입니다. 일반적으로 10의 곱의 결과 이해, 어림의 이해, 수의 크기에 관한 이해 등과 관련하여 연산 감각이라는 표현을 쓰는데 이 활동은 이러한 연산 감각을 발달시키는데 도움을 줄 수 있습니다.

정답 및 풀이

문 1 〈게임의 예〉

범위			630~660	
시작 수			47	
곱하는 수	×	2	결과 : 94	모둠③
	×	3	결과 : 282	모둠①
	×	2	결과 : 564	모둠②
	×	0.9	결과 : 507.6	모둠③
	×	1.3	결과 : 659.88	모둠① (우승)

문 2 네. 앞 사람이 곱한 수와 결과를 보면 어떤 수를 곱해야 할 지 예상할 수 있다.

문 3 생략

활동 11 소수점은 어디로 갈까요?

초등학교 5학년 반 이름 :

※ 에 입력하고 나온 결과를 쓰시오.(1~6)

문 1 237 × 15 =

문 2 237 × 1.5 =

문 3 237 × 0.15 =

문 4 2.37 × 1.5 =

문 5 2.37 × 0.15 =

문 6 0.237 × 0.15 =

※ 위의 결과를 보고 다음 물음에 답하시오.

문 7 화면에 나타난 결과 중에 같은 것은 무엇입니까?

문 8 화면에 나타난 결과 중에 다른 것은 무엇입니까?

문 9 소수의 곱셈을 할 때, 곱의 소수점의 위치에서 발견되는 규칙은 무엇입니까?

문 10 9번에서 찾은 규칙에 따라 소수점을 알맞게 찍으시오.

35.6×0.24=8544

■ 한걸음더

문 11 답이 될 것이라고 생각하는 것에 ○표 하고,  를 이용하여 결과를 확인하시오.

62.5 × 3.76 = (0.235   2.35   23.5   235)

활동명	소수점은 어디로 갈까요?		
활동목표	소수의 곱셈 원리와 곱의 소수점의 위치를 정하는 방법을 알고 곱을 구할 수 있다.		
단계	5학년 2학기	단원	소수의 곱셈

이렇게 지도하세요

이 활동은 소수의 곱셈에서 곱의 소수점의 위치에 대한 규칙을 찾아보게 하기 위한 활동입니다. 활동을 하기 위해 학생들에게는 수 감각이 필요하고 추론을 적용할 수도 있습니다. 에서는 0.15를 입력하기 위해서는 . 1 5 또는 0 . 1 5 를 누릅니다. 문제 1~6은 계산기를 이용하여 계산하고 결과를 나온 결과를 쓰게 합니다. 7~9는 계산한 결과를 보고 소수끼리의 곱에서 곱의 소수점의 위치를 정하는 방법을 찾아보게 하는 것입니다. 문제 10은 발견한 규칙을 이용하여 곱의 소수점의 위치를 알맞게 찍고 계산기를 이용하여 맞게 찍었는지 확인해 보는 활동입니다. 한걸음더 에서는 곱의 소수점 아래 오른쪽에 0이 나오는 소수끼리의 곱을 예상해 보고 확인하는 활동입니다. 이 문제는 계산이 알맞은지 확인하는데 초점을 둡니다. 로 소수들을 곱할 때, 화면에는 소수점 아래 오른쪽에 있는 0이 나타나지 않습니다. 따라서 학생들은 화면에 나타나는 것을 볼 때, 소수점 아래에 숫자가 적게 나오므로 당황할 수도 있으므로 사전 지도가 필요합니다.

정답 및 풀이과정

문 1 3555

문 2 355.5

문 3 35.55

문 4 3.555

문 5 0.3555

문 6 0.03555

문 7 곱에 있는 숫자가 같다

문 8 소수점의 위치가 다르다.

문 9 곱의 소수점의 위치는 곱하는 소수의 소수점 아래 자리 수의 합과 같다.

문 10 8.544

한걸음더

문 11 235

활동 12 무슨 일이 일어났을까요?

초등학교 5학년 반 이름 :

문 1 보기의 수들에 1.1과 0.9를 곱하여 그 결과를 알아봅시다.

〈보기〉 65 72 187 23 5 689 1234

수	곱한 수	답	알아낸 것
65	1.1		
	0.9		
72	1.1		
	0.9		
187	1.1		
	0.9		
23	1.1		
	0.9		
5	1.1		
	0.9		
689	1.1		
	0.9		
1234	1.1		
	0.9		

문 2 원래의 수에 1.1을 곱할 때와 0.9를 곱할 때에는 어떻게 다릅니까?

활동명	무슨 일이 일어났을까요?		
활동목표	소수의 곱셈을 통해 수의 곱의 결과가 항상 큰 것이 아님을 알 수 있다.		
단계	5학년 2학기	단원	소수의 곱셈

이렇게 지도하세요

이 활동은 학생들에게 어떤 수에 1보다 작은 수를 곱했을 때, 곱이 원래의 수보다 작아진다는 것을 알게 하는데 목적이 있습니다. 어떤 수와 어떤 수의 곱은 그 값이 항상 원래의 수보다 클 것이라고 생각하는 학생들에게 이 사실 즉, 그 곱의 값이 원래의 수보다 작아질 수 있다는 사실은 많은 학생들에게 혼란스럽게 느껴질 수도 있습니다. 학생들에게 주어진 수들에 1보다 약간 큰 수나 1보다 약간 작은 수를 곱하여 그 결과를 기록하고 토론한 후 그 두 값 사이의 관계와 알게 된 점들을 기록하게 합니다.

■ 정답 및 풀이

문 1

수	곱한 수	답	알아낸 것
65	1.1	71.5	65보다 크다
	0.9	58.5	65보다 작다
72	1.1	79.2	72보다 크다
	0.9	64.8	72보다 작다
187	1.1	205.7	187보다 크다
	0.9	168.3	187보다 작다
23	1.1	25.3	23보다 크다
	0.9	20.7	23보다 작다
5	1.1	5.5	5보다 크다
	0.9	4.5	5보다 작다
689	1.1	757.9	689보다 크다
	0.9	620.1	689보다 작다
1234	1.1	1357.4	1234보다 크다
	0.9	1110.6	1234보다 작다

문 2 어떤 수에 1.1을 곱할 때 곱은 어떤 수보다 크고, 어떤 수에 0.9를 곱하면 곱은 어떤 수보다 작다. 즉, 어떤 수에 1보다 큰 수를 곱하면 곱은 어떤 수보다 크고, 1보다 작은 수를 곱하면 곱은 어떤 수보다 작다.

활동 13 목표 수에 가깝게

초등학교 5학년 반 이름 :

문 1 다음을 계산하시오.

1) $200 \times 8 =$

2) $200 \times 0.8 =$

문 2 1번의 활동 결과로 알 수 있는 사실은 무엇입니까?

문 3 놀이를 하여 봅시다.

목표 수에 가깝게!

1) 2인 1조로 놀이를 합니다.
2) 첫 번째 학생은 두 자리 혹은 세 자리의 목표수를 설정합니다.
3) 두 번째 학생은 두 자리 수를 시작 수로 정하고  에 입력합니다.
4) 순서대로  에 나온 수를 그들이 선택한 수로 곱합니다.
5) 먼저 목표수와 1보다 작은 수로 차이가 나는 사람이 이기게 됩니다.

활동명	목표수에 가깝게		
활동목표	소수의 곱셈을 알 수 있다.		
단계	5학년 2학기	단원	소수의 곱셈

이렇게 지도하세요

이 활동의 목적은 를 사용하여 학생들이 소수의 곱셈을 보다 잘 이해하도록 돕는데 있습니다. 1~2번은 몇 백에 자연수와 소수를 곱했을 때의 결과를 비교하도록 하여 몇 백과 소수의 곱을 계산할 때 곱의 소수점의 위치를 이해하도록 하는 것입니다. 3번은 목표수에 가깝게 만드는 게임입니다. 게임을 위해서는 2명당 1개가 필요합니다. 목표수와 시작수를 선정하고 서로 번갈아가면서 수를 곱합니다. 이 게임은 두 수를 곱한 결과는 항상 큰 수가 될 것이라는 기대가 반드시 그렇지만은 않다는 것을 보여줍니다. 이 게임 중에 아이들은 종종 목표수를 벗어나게 됩니다. 이 때 목표수에 가까워지려면 다음 사람이 1보다 작은 수를 곱하는 것도 방법이 된다는 것을 발견할 수 있도록 유도하는 것도 좋은 방법입니다.

정답 및 풀이

문 1 1) 1600

2) 160

문 2 어떤 수에 다른 수를 곱했을 때 그 결과가 항상 원래 수보다 커지는 것이 아니라는 것을 아동 스스로 발견할 수 있도록 유도한다.

〈예〉 학생1 목표수 설정 99

학생2 시작수 설정 12

학생1 12×5=60

학생2 60×1.5=90

학생1 90×1.1=99

활동 14 나눗셈의 몫 어림하기

초등학교 5학년 반 이름 :

※ 이 활동은 3명이 1조가 되어 진행하는 활동입니다. 안내를 잘 읽고 과정을 따라 문제를 해결하시오.

〈안내〉

♠ 3명의 참가자가 각각의 역할을 나눕니다.

♠ 참가자1은 나눗셈의 몫을 자연수로 어림하여 구합니다.

♠ 참가자2는  를 이용하여 자연수 몫을 구합니다.

♠ 참가자3은 참가자1과 참가자2가 나머지 문제를 볼 수 없도록 가립니다. 참가자3은 감독관과 채점자의 역할을 동시에 수행합니다.

♠ 3문제씩 풀고 역할을 바꾸어 계속합니다.

문 1 $67\overline{)48.307}$

문 2 5천 나누기 41

문 3 $\frac{6789}{53}$

문 4 86.900÷24

문 5 $472\overline{)5016}$

문 6 1천8백만 나누기 2천

문 7 $\frac{13.721}{643}$

문 8 127.891÷513

문 9 2만 나누기 875

활동명	나눗셈의 몫 어림하기		
활동목표	나눗셈의 자연수 몫을 정확하게 어림할 수 있다.		
단계	5학년 2학기	단원	소수의 나눗셈

이렇게 지도하세요

이 활동의 목적은 학생들에게 나누어떨어지지 않는 나눗셈에서 자연수 몫을 예상해 보고 확인하는 과정을 통하여 어림값을 구하도록 하는데 있습니다. 이 활동을 위해서는 3명 1조의 구성이 필요하고, 3명의 참가자가 각각의 역할을 나눕니다. 참가자1은 나눗셈의 몫을 정수로 어림하여 구하고, 참가자2는  를 이용하여 답을 구합니다. 참가자3은 참가자1과 참가자2가 나머지 문제를 볼 수 없도록 가립니다. 참가자3은 감독관과 채점자의 역할을 동시에 수행합니다. 3문제를 풀고 역할을 바꾸어 계속합니다. 점수는 어림값이 정확하면 3점, 가장 높은 자리값이 맞으면 2점, 참가자1이 참가자2가  로 계산을 끝내기 전에 계산을 끝내면 추가로 1점을 획득하고, 참가자2는 참가자1을 이겼을 경우(즉, 참가자1이 정확히 틀린 경우)에만 3점을 얻게 됩니다.

정답 및 풀이

계산기로 답을 구한 결과와 게임의 예를 제시한다.

문 1 0.721

문 2 121.951…

문 3 128.094…

문 4 3.620…

문 5 10.627

문 6 90000

문 7 2.13390

문 8 0.249⋯

문 9 22.857⋯

[게임의 예]

현욱, 현준, 은진이 역할을 나눈다. 현욱은 참가자1, 은진은 참가자2, 현준은 참가자3으로 역할을 나눈다. 현욱은 1~3번의 나눗셈의 몫을 어림하여 자연수로 구한다. 예를 들어, 1번은 0, 2번은 120, 3번은 128로 어림하였다고 하자.

은진은 1~3번의 나눗셈의 몫을 계산기를 이용하여 자연수 몫만 구한다. 1번은 0, 2번은 121, 3번은 128이 된다.

현준은 현욱과 은진의 결과를 비교하여 채점한다.

현욱의 점수는 1번은 정확하므로 3점, 2번은 가장 높은 자릿값이 맞으므로 2점, 3번은 정확하므로 3점이 되어 총 3+2+3=8(점)이다. 만약 현욱이 은진보다 각각의 문제를 빨리 해결했다면 추가로 1점을 획득하게 된다.

은진의 점수는 현욱이 2문제를 맞추고, 1문제는 부분적으로 맞추었으므로 0점이다. 만일 현욱이 0점을 얻은 문제(틀린문제)가 있다면 은진은 3점을 얻게 된다.

이렇게 끝나고 나면 역할을 바꾸어 4~6번을 하고, 끝나면 7~9번을 같은 방법으로 진행하여 최종 합계가 가장 많은 사람이 우승하게 된다.

활동 15 다각형의 둘레의 길이 알아보기

초등학교 5학년 반 이름 :

문 1 오른쪽 그림과 같은 직사각형의 둘레의 길이를 구하시오.

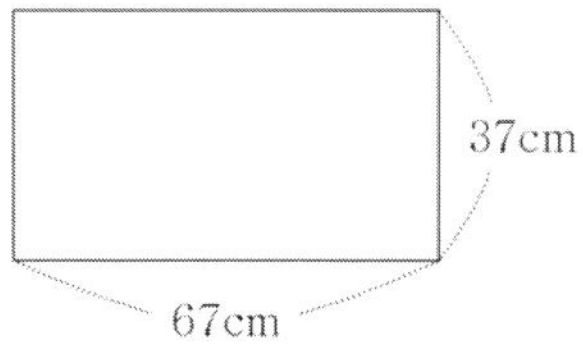

문 2 우체부 아저씨가 우편물을 전달하는 경로는 오각형 모양입니다. 우체국에서 출발하여 ㉠㉡㉢㉣을 지나 우체국으로 돌아오면 움직인 거리는 얼마입니까?

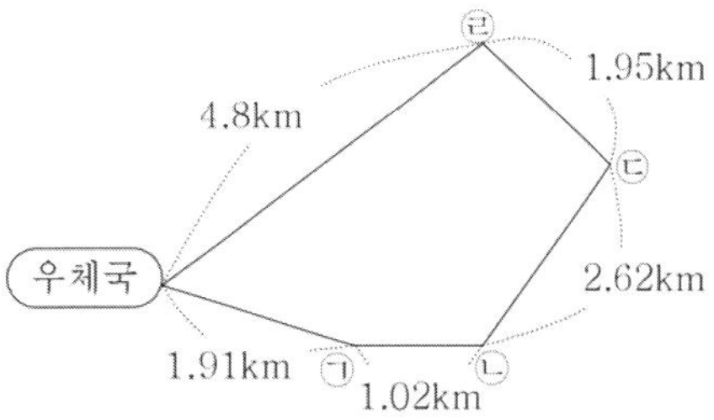

문 3 정팔각형의 한 변의 길이가 0.86km라면 이 정팔각형의 둘레의 길이는 얼마입니까?

문 4 정삼각형의 둘레의 길이는 135cm입니다. 정삼각형의 한 변의 길이는 얼마입니까?

문 5 직사각형의 짧은 변의 길이는 19cm입니다. 긴 변의 길이가 짧은 변의 길이의 두 배라고 할 때, 직사각형의 둘레의 길이를 구하시오.

문 6 직사각형 모양의 식탁보의 둘레를 따라 폭이 8cm인 띠를 붙였습니다. 이 식탁보의 가로의 길이가 533cm이고, 세로의 길이가 243cm이라면, 폭이 8cm인 띠의 길이는 얼마입니까?

활동명	다각형의 둘레의 길이 알아보기		
활동목표	다각형의 둘레의 의미를 알고 둘레의 길이를 구할 수 있다.		
단계	5학년 1학기	단원	평면도형의 둘레와 넓이

이렇게 지도하세요

이 활동의 목적은 평면도형의 둘레의 길이에 대하여 이해한 후, 평면도형의 둘레의 길이를 구하기 위해 를 적절히 이용하도록 하는 것입니다. 일반적으로 학생들은 도형의 둘레의 길이를 구하는 방법을 학습한 후에 지필 계산을 통해 둘레의 길이를 구하게 됩니다. 그러나 실생활에서 발견되는 도형의 둘레를 구하는 경우에는 교과서에서 제시된 도형의 둘레의 길이를 구하는 방법을 알고 적용하는 경우가 됩니다. 이때 수의 크기가 다양하게 나타나므로 도형의 둘레의 길이를 계산하려면 를 이용하는 것이 도움이 됩니다. 이 활동에서는 를 꺼내어 바로 계산하기보다는 어림을 통하여 평면도형의 둘레의 길이를 어림한 후에 를 이용하여 둘레의 길이를 구하는 과정을 거치는 것이 좋습니다. 결과를 어림한 후 를 이용하여 계산하면 에 나타난 결과가 적절한 지를 판단할 수 있습니다. 를 이용하는 것은 계산하는 방법을 알고 있을 때 빠르고 정확한 계산을 위하여 이용하는 것임을 알고, 제시된 문제를 해결하는 과정을 생각해 보도록 유도하는 것이 이 활동에서 주목해야 할 점입니다.

정답 및 풀이

문 1 208cm [풀이] (67+37)×2=208(cm)

문 2 12.3km [풀이] 1.91+1.02+2.62+1.95+4.8=12.3(km)

문 3 6.88km [풀이] 0.86×8=6.88(km)

문 4 45cm [풀이] 135÷3=45(cm)

문 5 114cm [풀이] 긴 변의 길이는 짧은 변의 길이의 2배이므로, 19×2이다.
그러므로 둘레의 길이는 (19+19×2)×2=114(cm)

문 6 1552cm [풀이] 띠의 길이는 식탁보의 둘레와 같으므로,
(533+243)×2=1552(cm)이다.

활동 16 도형의 넓이 구하기

초등학교 5학년 반 이름 :

※  를 이용하여 다음 도형의 넓이를 구하시오.

문 1

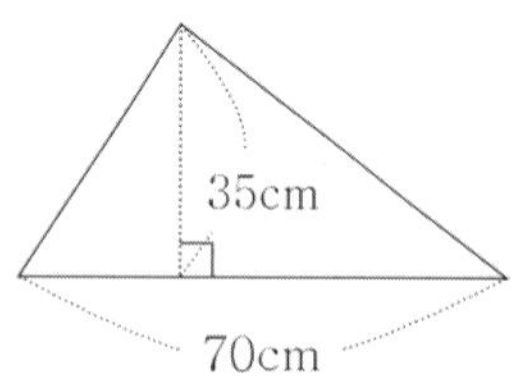

문 2

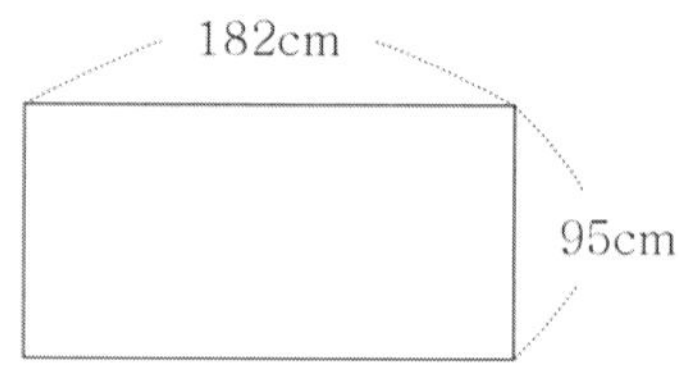

문 3

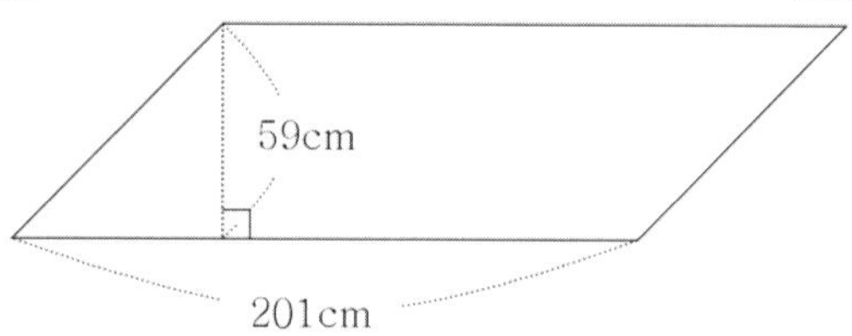

문 4

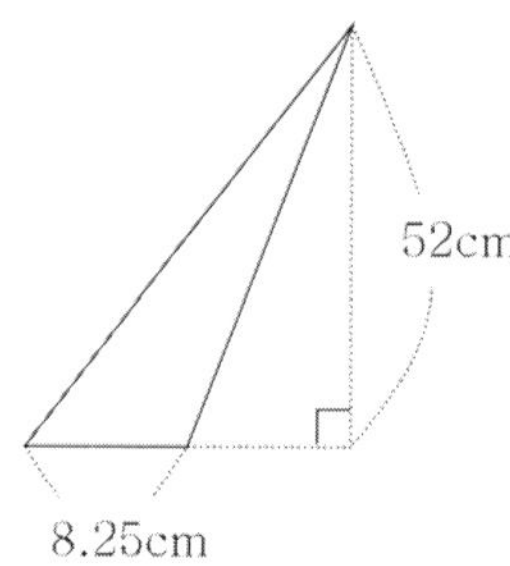

한걸음더

문 5 삼각형의 밑변의 길이는 84cm입니다. 이 삼각형의 높이는 밑변의 길이의 2배입니다. 이 삼각형의 넓이는 얼마입니까?

문 6 크기가 다른 두 직사각형이 있습니다. 작은 직사각형의 가로와 세로의 길이는 각각 21cm, 28cm입니다. 큰 직사각형의 각 변의 길이는 작은 직사각형의 각 변의 길이의 3배입니다. 큰 직사각형의 넓이는 작은 직사각형의 넓이의 몇 배입니까?

활동명	도형의 넓이 구하기		
활동목표	평면도형의 넓이 구하는 방법을 알고 를 이용하여 구할 수 있다.		
단계	5학년 2학기	단원	평면도형의 둘레와 넓이

이렇게 지도하세요

이 활동의 목적은 평면도형의 넓이를 구하는 방법을 학습한 후, 넓이 구하는 방법을 이용하여 로 넓이를 구하게 하는 것입니다.

평면도형의 넓이를 구하는 방법을 학습한 후 학생들은 넓이 구하는 방법을 적용하여 평면도형의 넓이를 계산합니다. 그러나 평면도형의 변의 길이가 복잡하거나 큰 수 또는 소수인 경우에는 넓이 구하는 방법을 알고 있음에도 불구하고 계산상의 오류로 인하여 넓이를 바르게 구하지 못할 수도 있습니다. 평면도형의 넓이를 구하는 방법을 이해하고 있는 학생이라면 제시된 평면도형의 넓이를 어림하고, 실제 계산을 를 이용하여 계산하게 할 수도 있습니다. 로 계산이 끝나면 화면에 나타난 값과 어림한 값을 비교하여 로 계산한 결과가 적절한 지 아닌지를 판단할 수 있게 됩니다.

정답 및 풀이

문 1 1225 (식 : 35×70÷2=1225)

문 1 17290 (식 : 182×95=17290)

문 1 11859 (식 : 59×201=11859)

문 1 214.5 (식 : 8.25×52÷2=214.5)

한걸음더

문 5 7056 (높이는 밑변의 길이의 2배이므로, (84×2)cm이다.
식 : 84×84×2÷2=7056)

문 6 9배 (작은 직사각형의 넓이 : 21×28=588(cm^2), 큰 직사각형의 넓이 : 21×3×28 ×3=5292(cm^2)이므로, 5292÷588=9(배))

활동 17 평균 구하기

초등학교 5학년 반 이름 :

※  를 이용하여 평균을 구하시오.

85 92 73 98	평균 : ________

문 1 평균은 얼마입니까? ( )

문 2 평균보다 더 큰 수들과 평균의 차를 구하여 모두 더하면 얼마입니까?
( )

문 3 평균보다 더 작은 수들과 평균의 차를 구하여 모두 더하면 얼마입니까?
( )

문 4 평균보다 더 큰 수들과 평균과의 차의 합과 평균보다 더 작은 수들과 평균과의 차의 합에서 알 수 있는 것은 무엇입니까?
( )

문 5 위의 각 수에 5를 더하면 평균은 어떻게 될 것이라고 생각합니까? 예상이 맞는지 계산기를 이용하여 확인하시오.
( )

문 6 위와 같은 평균이 되는 네 수를 쓰시오. ( )

※  를 이용하여 평균을 구하시오.

문 7 450 416 471 368 평균 : ________

문 8 61.3 89.1 72.4 93.6 평균 : ________

문 9 69.3 55 75.4 85.1 64.2 평균 : ________

한걸음더

문 10 민아는 1학기에 수학 시험을 5번 보았습니다. 4번까지의 점수는 82, 96, 84, 90이었고, 시험이 한 번 더 남았다고 합니다. 민아의 수학 시험 평균 점수가 90점이 되려면 다섯 번째 시험에서 몇 점을 얻어야 합니까?

활동명	평균 구하기		
활동목표	를 사용하여 수들의 평균을 계산할 수 있다.		
단계	5학년 2학기	단원	자료의 표현

이렇게 지도하세요

이 활동에서는 평균을 구하기 위해서 를 도구로 사용합니다. 이 활동을 시작할 때에는 학생들에게 평균의 정의를 가르쳐주어야 합니다. 학생들은 평균을 구하기 위해 를 사용함으로써 계산 자체보다는 평균의 개념과 적용에 더 중점을 둘 수 있습니다. 첫 번째 수들 중에서 평균과의 관계를 묻는 문제는 학생들에게 평균의 개념과 중요한 관계를 알아볼 기회를 제공해줍니다. 문제 2~4는 학생들에게 평균보다 큰 수들과 또는 평균보다 작은 수들의 차의 합이 같다는 것을 알도록 도와줍니다. 5번에서는 네 수에 같은 수만큼씩 더했을 때 평균도 더해진 수만큼 증가한다는 것을 알게 합니다. 6번은 평균이 87이 되는 경우의 네 수를 구하는 문제로 평균의 의미를 이해하고 있는지를 알아보는 문제입니다.

정답 및 풀이과정

문 1 87

문 2 12

문 3 12

문 4 평균보다 큰 수와 평균과의 차의 합과 평균과 평균보다 작은 수의 차의 합은 같습니다

문 5 평균은 5 커집니다

문 6 예) 84, 87, 87, 90 (풀이) 답은 다양하게 표현될 수 있습니다.

문 7 426.25

문 8 79.1

문 9 69.8

문 10 69.8

한걸음더

문 11 98

[풀이] 네 번째까지의 점수를 알고 있으므로 다섯 번째 점수를 구하기 위해 알고 있는 네 개의 점수를 더하고(82+96+84+90=352), 기억해 놓을 것이다. 원하는 평균은 점수의 총 개수로 곱해야 한다(90×5). 다섯 번째 점수를 구하기 위해 계산결과에서 아까 더한 합을 빼면(450−352=98) 5번째 점수는 98이다.

활동 18 혼합 계산의 순서에 맞게 계산하기

초등학교 5학년 반 이름 :

※ 제시된 결과와 같은지 알아보기 위해 계산기를 이용하여 계산하시오.

문 1 15×12+84×12 결과 : 1188

문 2 64−18+53×11 결과 : 629

문 3 208÷16+425÷17 결과 : 38

※ 혼합계산에서는 계산의 순서를 나타내기 위해 괄호를 사용합니다. 괄호를 먼저 계산하시오.

문 4 (293+213)÷(64−18) 결과 : 11

문 5 (17÷136)+(28÷32) 결과 : 1

문 6 4625+5264÷(2188−872) 결과 : 4629

문 7 121+(84−27)+61−(41+13) 결과 : 185

한걸음더

※ 등식이 성립하도록 보기에서 적절한 연산 기호를 선택하여 넣으시오.(계산의 우선 순위를 나타내기 위해 괄호를 사용할 수도 있습니다.)

〈보기〉 + − × ÷

문 8 53 ___ 18 ___ 10 = 964

문 9 521 ___ 16 ___ 16 = 265

문 10 127 ___ 92 ___ 112 ___ 83 = 24

활동명	혼합 계산의 순서에 맞게 계산하기		
활동목표	혼합 계산의 순서를 알고, 를 이용하여 혼합 계산을 할 수 있다.		
단계	5학년 2학기	단원	문제 푸는 방법 찾기

이렇게 지도하세요

이 활동의 목적은 혼합 계산의 순서를 알고, 를 이용하여 혼합 계산을 하도록 하는 것입니다. 학생들은 를 이용하여 계산할 때 에서는 입력한 순서대로 계산을 수행하기 때문에 혼합 계산 또는 괄호가 있는 계산을 할 때는 주의를 기울이도록 하여야 합니다. 그러나 이러한 사실을 이해하지 못하고 있는 학생들은 계산기의 특성을 이해하지 못한 상태에서 계산하여 옳지 못한 결과에 이르게 되는 경우가 많이 있습니다. 이 활동에서는 혼합계산을 를 이용하여 계산하여 나온 결과와 제시된 결과를 비교하여 봄으로써 혼합계산에서 를 사용하는 방법을 학습하게 하는 것입니다.

예를 들어 18+12×5를 를 이용한 계산 과정의 예는 다음과 같습니다.

① 곱셈을 먼저 계산하면 1 2 × 5 = 60 이므로 60을 한 쪽에 써 놓는다.

② 1 8 + 6 0 = 78 이다.

③ 그러므로, 18+12×5=78임을 알 수 있다.

(※ 에서 1 8 + 1 2 × 5 = 150 이 된다. 일반적인 는 입력하는 순서대로 차례로 계산하므로, 혼합 계산에서 이와 같은 오류가 발생된다.)

정답 및 풀이

문 1 ~ 문 7 계산 결과가 제시되어 있으므로 생략

한걸음더

문 8 $53 \times 18 + 10 = 964$

문 9 $521 - (16 \times 16) = 265$

문 10 $(127 + 92) - (112 + 83) = 24$

활동 19 이야기 문제에 알맞은 수 넣어기

초등학교 5학년 반 이름 :

※ 알맞은 수를 □에서 골라 ( )안에 써 넣고, 를 이용하여 답이 맞는지 확인하시오. 답이 여러 개 있는 문제는 답을 여러 개 쓰시오.

문 1 영철이가 작년에 읽은 책은 ( )권입니다. 올해는 ( )권의 책을 읽었습니다. 올해 읽은 책이 작년에 읽은 책보다 ( )권 더 많습니다.

41, 218, 31, 259

문 2 영수는 ( )대의 장난감 자동차를 가지고 있다. 이 중 ( )대는 나무 제품이고 ( )대는 금속 제품입니다. 영수는 ( )대는 금속 제품이라고 말했습니다.

29, 59, 68, 39

문 3 성욱이는 우표 ( )장을 수집하였습니다. 그는 우표책에 이것을 정리해 두었습니다. 우표책 1쪽에는 우표를 ( )장씩 정리할 수 있고, 우표책은 모두 ( )쪽입니다.

16, 400, 32, 25

문 4 정화네 집에서 기르는 말의 몸무게는 ( )kg입니다. 명희네 집에서 기르는 말의 몸무게는 ( )kg입니다. 정화네 집 말이 ( )kg만큼 체중을 늘리면, 명희네 집 말의 체중과 같아집니다.

531, 427, 318, 213

문 5 건우는 ( )일을 살았습니다. 건우의 형은 ( )일을 살았습니다. 건우의 형은 건우보다 ( )일 더 살았습니다.

2190, 3560, 1825, 4015

한걸음더

문 6 지난 주 경아는 친구들과 야구 경기를 ( )번 했습니다. 경아는 첫째 번 경기에서 ( )득점을 했고, 다음 경기에서는 그 전보다 ( )득점을 더 올렸습니다. 지난 주 야구 경기에서 경아는 총 ( )득점을 하였습니다.

15, 91, 2, 4, 38

활동명	이야기 문제에 알맞은 수 넣어기		
활동목표	(　)가 있는 문장제를 읽고 알맞은 수를 선택할 수 있다. 문장이 참이 되는지를 계산기를 이용하여 확인할 수 있다.		
단계	5학년 2학기	단원	문제푸는 방법 찾기

이렇게 지도하세요

이 활동의 목적은 학생들에게 문장제를 해결하는 연습을 시키고, 수량적 관계를 파악하는 데 적절한 수를 사용할 수 있도록 하는 데 있습니다.

( )가 있는 문장을 읽고, 문장이 참이 되게 하는 수를 보기에서 찾기 위해 학생들은 문장에서의 의미를 이해하고 적절한 수를 찾는 수감각이 필요하게 됩니다. 적절하다고 생각되는 수를 고른 후에는 문장에 알맞은 식을 세워 계산기를 이용하여 수를 알맞게 선택했는지를 확인하고, 적절하지 않다면 다른 수를 선택하여 위의 과정을 반복합니다.

학생들 중에는 문제를 해결하는데 어려움을 느끼게 될 수도 있는데, 이때 교사는 6개의 문제 중 하나를 선택하여 학생들과 의논하면서 해결하는 방법을 함께 탐구해 보도록 유도합니다. 또는 3개의 빈 칸을 완성하는 것에 대해 너무나 어려움을 느낀다면 빈 칸을 2개로 수정하여 문제를 제시하는 것도 가능합니다.

정답 및 풀이

문 1 (218, 259, 41) 또는 (41, 259, 218)

문 2 (68, 39, 29) 또는 (68, 29, 39)

문 3 (400, 16, 25) 또는 (400, 25, 16)

문 4 (318, 531, 213) 또는 (213, 531, 318)

문 5 (2190, 4015, 1825) 또는 (1825, 4015, 2190)

한걸음더

문 6 (2, 38, 15, 91)

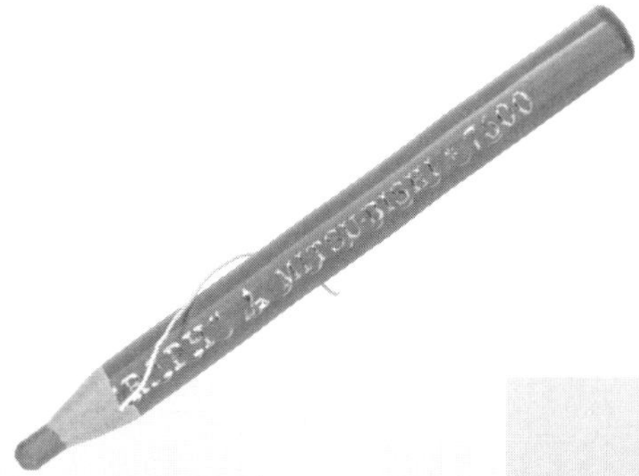

6학년

백분율 값은 얼마일까요?
백분율로 나타내면 얼마일까요?
값을 매겨볼까요?
보너스 점수를 잡아라!
숨겨진 수를 찾아라!
몫을 어림하면?
나머지는 어떻게 구할까요?
나눗셈에서의 규칙 찾기
9,99,999로 규칙 찾기
원의 둘레는 지름의 몇 배일까요?
소수의 곱 어림하기
100에 가까운 수 만들기
□에 알맞은 수는?
곱셈에서의 규칙 찾기

활동 01 백분율 값은 얼마일까요?

초등학교 6학년 반 이름 :

10의 10%는 1입니다. 에서 어떻게 누르면 10의 10%를 구할 수 있습니까?

1 0 × 1 0 % 를 누르면 1을 구할 수 있습니다.

이어서, 2 5 % 만 눌러도, 10의 25%인 2.5를 구할 수 있습니다.

※ 에 있는 % 를 이용하여 기준량에 대한 백분율 값을 구하시오.

문제	기준량	에 입력	백분율 값
문 1	300.00kg	3 0 0 × 5 0 %	________
		1 0 %	________
		1 %	________
		9 0 %	________
문 2	75.00kg	7 5 × 5 0 %	________
		1 0 %	________
		1 %	________
		9 0 %	________
문 3	5.00kg	5 × 5 0 %	________
		1 0 %	________
		1 %	________
		9 0 %	________
문 4	426.00kg	4 2 6 × 5 0 %	________
		1 0 %	________
		1 %	________
		9 0 %	________

■ 한걸음더

문제	기준량	에 입력	백분율 값
문 5	18.60kg	1 8 . 6 0 × 5 0 %	______
		1 0 %	______
		1 0 0 %	______
		1 5 0 %	______

활동명	백분율 값은 얼마일까요?		
활동목표	계산기를 이용하여 기준량에 대한 백분율 값을 구할 수 있다.		
단계	6학년 1학기	단원	비와 비율

■ 이렇게 지도하세요

이 활동은 계산기에서 제공하는 % 키의 기능을 이용하여 백분율 값을 구해 보는 활동입니다.

구하고자하는 전체에 대한 백분율의 크기는 다음과 같습니다.

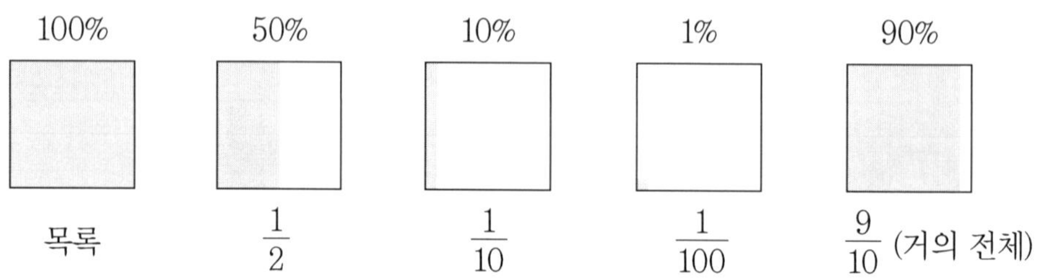

계산기에서 백분율이 나타내는 값은 키를 이용합니다.

예컨대, 400의 20%를 구하는 방법을 알아봅시다.

① 4 0 0 을 누릅니다. (기준량 400을 입력합니다.)

② × 를 누릅니다.

③ 2 0 % 를 누릅니다. (백분율에 해당되는 수와 키를 누릅니다.)

④ 80 이 나옵니다.

⑤ 80 에서 4 0 % 을 누르면 400의 40%를 구하게 됩니다.

주의

4 0 0 × 2 0 % 을 누르면, 80 이 됩니다.

4 0 0 × 2 0 % = 을 누르면, 32000 이 됩니다.

= 를 누르면, 80을 구한 뒤 80에 400을 곱한 값이 됩니다.

문제 1~4은 100%보다 작은 백분율 값을 구하는 경우로 계산한 결과는 기준량보다 작은 결과가 나와야 합니다. 만일 계산기를 이용하여 계산한 결과가 기준량보다 크게 나왔다면 계산기에 입력하는 과정에서 오류가 있었는지를 찾아볼 수 있도록 교사가 지적해 주어야 합니다. 학생에 따라 단위를 쓰지 않는 경우도 있을 수 있는데, 가능하면 단위를 쓰는 방향으로 유도하고, 대부분의 계산기에서는 300.00을 입력하여도 300으로 입력되므로 소수점 이하 오른쪽의 0은 생략해도 무방하다는 것을 안내해 주도록 합니다.

한 걸음 더 에서는 100%와 같거나 큰 백분율 150%, 200%를 제공함으로써 기준량보다 큰 값이 나올 수도 있다는 것에 주목할 수 있도록 유의하여 지도하여야 합니다.

정답

문 1 150kg, 30kg, 3kg, 270kg

문 2 37.5kg, 7.5kg, 0.75kg, 67.5kg

문 3 2.5kg, 0.5kg, 0.05kg, 4.5kg

문 4 213kg, 42.6kg, 4.26kg, 383.4kg

한걸음 더

문 5 9.3kg, 1.86kg, 18.6kg, 27.9kg

활동 02 백분율로 나타내면 얼마일까요?

초등학교 6학년 반 이름 :

※ 다음 문제 해결 단계에 따라 문제를 해결하시오.(1~9)

25의 10%는? ① 0.25 ② 2.5 ③ 25 ④ 250

1단계 [2] [5] 를 계산기에 입력합니다.

2단계 25의 10%는 얼마쯤 될 것인지 생각합니다.

3단계 ①~④ 중 예상 값에 ○표 합니다.

4단계 [×] [1] [0] [%] 를 계산기에 입력합니다.

문 1 75의 90%는?
① 0.68
② 6.75
③ 67.50

문 2 39.64의 90%는?
① 356.76
② 35.68
③ 3.57

문 3 125.9의 90%는?
① 0.11
② 113.31
③ 11.33

문 4 900의 48%는?
① 0.43
② 4.32
③ 43.2
④ 432

문 5 15의 48%는?
① 72
② 7.2
③ 0.72
④ 720

문 6 63.75의 48%는?
① 30.6
② 306
③ 3.06
④ 3060

문 4 340의 9%

① 0.31

② 30.60

③ 3.06

④ 306

문 5 24.62의 9%

① 221.58

② 22.16

③ 0.22

④ 2.22

문 6 8100의 9%

① 7.29

② 72.9

③ 729

④ 7290

한걸음더

※ □ 안에 적당한 수를 정하여 어림하고 계산기로 확인해 봅시다.

문 10 820의 □ %는 어림하면 약 □ 입니다.

문 11 6.15의 □ %는 어림하면 약 □ 입니다.

활동명	백분율로 나타내면 얼마일까요?		
활동목표	양에 대한 백분율 값을 어림하여 보고 계산기를 이용하여 확인할 수 있다.		
단계	6학년 1학기	단원	비와 비율

이렇게 지도하세요

이 활동은 기준량에 대한 백분율 값을 적절한 값으로 예상하는지를 알아보는 것으로써 백분율에 대한 이해 정도를 파악하기 위한 활동입니다.

활동과정은 기준량에 대한 백분율 값을 판단 기준에 따라 예상한 후 계산기로 확인해 보는 과정으로 진행합니다. 90%인 경우는 기준량의 절반보다는 크고 기준량에 가깝다는 사실을 이해하고 있다면 굳이 계산을 하지 않고도 쉽게 예상값을 선택할 수 있습니다. 예를 들어 6500의 90%를 알아보고자 할 때 이 방법을 적용하면 (650, 5850, 58500)중에서 6500에 가장 가까운 값인 5850을 6500의 90%인 값으로 선택할 수 있습니다. 실제로 계산하면 5850이 됩니다. 만일 6500의 10%인 경우라면 6500의 절반보다도 작은 수가 되어야 하므로 650을 선택하면 됩니다. 실제로 계산하면 650이 됩니다.

문제 1~9는 기준량에 대한 백분율 값을 예상하고 확인해 보는 활동입니다. 활동을 효율적으로 하기 위해서는 학생들이 90%, 48%, 9%의 크기와 기준량과의 크기와의 관계를 이해하고 있는 것이 중요합니다. 90%는 기준량보다는 작지만 기준량의 절반보다 크고 기준량에 가까운 비율이고, 48%는 기준량의 절반에 가까운 비율, 9%는 기준량의 절반보다도 작고 기준량의 $\frac{1}{10}$ 보다도 작은 비율이라는 점을 이해하는 것이 문제 해결에 도움이 됩니다. 문제 2와 문제 8은 정확한 값은 35.676, 2.2158이나 반올림하여 소수 둘째자리의 근사값으로 나타낸 것임을 학생들이 이해하도록 지도합니다.

한 걸음 더 에서는 학생 스스로 백분율을 정하고, 기준량에 대한 정한 백분율 값을 예상하고 계산기를 이용하여 확인해 보는 활동으로 다양한 답이 나올 수 있습니다. 정확히 계산하는 것을 요구하지 않으므로 정확한 값에 가까운 답을 얻을 수 있다면 정답으로 처리

합니다.

정답

문 1 ③ 문 2 ②(35.676) 문 3 ②

문 4 ④ 문 5 ② 문 6 ①

문 7 ② 문 8 ④(2.2158) 문 9 ③

한 걸음 더

※ 일정한 답은 제시하지 않고 아래에 제시한 답은 예시입니다. 학생들의 다양한 실행 결과를 인정하도록 합니다.

문 10 7, 57.4

문 11 85, 5.2275

활동 03 값을 매겨볼까요?

초등학교 6학년 반 이름 :

문 1  에 다음과 같이 입력할 때의 차이점에 대해 알아봅시다.

입력	결과	입력	결과
2 0 + 5 0 %	30	2 0 × 5 0 %	10
1 0 0 + 2 0 %	120	1 0 0 × 2 0 %	20
5 0 + 1 0 %		5 0 × 1 0 %	

※  를 이용하여 다음의 값을 구하시오.(2~7)

문 2 6 5 + 8 0 %

문 3 65의 180%

문 4 1 2 0 + 5 %

문 5 120의 105%

문 6 9 2 + 4 . 5 %

문 7 92의 104.5%

※ 다음 문제를 잘 읽고 계산기를 이용하여 답을 구하시오.

문 8 형섭이는 내년에는 올해 배달한 신문 수보다 80% 더 많은 신문을 매일 배달하려고 계획하고 있습니다. 형섭이가 올해 신문을 210부씩 매일 배달하였다면 내년에는 매일 몇 부씩 배달하여야 할까요?

문 9 어느 옷가게에서는 도매점에서 구입한 가격에 30%를 더 붙여 판매할 물건값을 정한다고 합니다. 도매점에서 33,000원에 구입한 품목의 판매가격은 얼마일까요?

한 걸음 더

문 10 어떤 호텔에서는 팁으로 7.5%를 지불해야 합니다. 객실 이용료가 150,000원이라면 지불해야 하는 요금은 모두 얼마입니까?

문 11 어느 음식점에서의 저녁 식사 값은 81,200원입니다. 이것에 6%의 세금과 20%의 팁을 더 내야 한다면 이 음식점에서 저녁 식사 후 지불해야 하는 돈은 모두 얼마입니까?

활동명	값을 매겨 볼까요?		
활동목표	백분율로 나타내는 추가, 할인의 의미를 알고, 계산기를 활용하여 추가, 할인된 값을 구할 수 있다.		
단계	6학년 1학기	단원	비와 비율

이렇게 지도하세요

이 활동은 백분율로 나타낸 할인, 할증의 의미를 알고 계산할 수 있도록 하기 위해 구성되었습니다.

문제 1은 (수) + (수) % 와 (수) × (수) % 의 차이점을 알아보기 위한 활동입니다.

문제 2~7은 기준량에 대한 백분율 값으로 할증의 경우의 계산을 하는 두 가지 방법을 비교하고 이해할 수 있는 안내를 제공하는 활동입니다. 문제 2와 문제 3, 문제 4와 문제 5, 문제 6과 문제 7은 형태는 다르지만 결과가 같은 문제임에 유의하여야 합니다.

문제 8~9은 할증의 예를 포함한 문장제로 기준량보다 큰 값을 얻기 위한 계산이 필요한 경우입니다.

문제 8에서는 올해 배달한 양에 더하여 80% 추가 된 것이므로 올해를 기준량으로 정한다면 내년에는 180%의 양을 배달할 계획이라는 것을 이해하여야 합니다. 또는 올해의 배달 부수에 80%를 더하는 것으로 계산할 수 있습니다. 계산기를 이용한다면 2 1 0 + 1 8 0 % 또는 2 1 0 × 1 8 0 % 로 해결할 수 있습니다.

문제 9에서는 구입한 가격에 30%를 추가하는 것이므로 구입한 가격의 130%로 물건값을 매기거나 구입한 가격에 30%의 값을 더하여야 하는 것임을 이해하여야 합니다.

한 걸음 더 문제 10에서는 소수인 백분율로 할증하는 경우임을 인식하고 계산하여야 합니다. 문제 11에서는 할증인 경우의 문제 중에서 두 가지 경우의 비율을 합하여 계산해야 하는 것임에 유의하여 지도하여야 합니다. 즉, 세금과 팁은 모두 음식값에 대한 비율인 것임에 유의하여야 합니다. 만일 세금을 할증하고, 팁을 할증하는 과정으로 계산하였다면 팁은 이미 할증된 금액에 대하여 지급이 되어야 하므로 잘못된 결과에 이르게 됩니다. 즉,

계산기에 입력할 때는 8 1 2 0 0 + 6 % + 2 0 % 의 순으로 입력하는 계산하지 말고, 6%와 20%를 먼저 더하여 26%를 음식값에 할증하여 8 1 2 0 0 + 2 6 % 로 입력하여 계산하여야 올바른 답을 얻을 수 있습니다.

정답

문 1 55, 5

문 2 117

문 3 117

문 4 126

문 5 126

문 6 96.14

문 7 96.14

문 8 378부

문 9 42,900원

한걸음더

문 10 161, 250원

문 11 102,312원

활동 04 보너스 점수를 잡아라!

초등학교 6학년 반 이름 :

준비물 :  , 

① 먼저, 를 던지고, 나온 눈의 수를 확인합니다. 그리고, 아래 표에서 하나의 수를 선택합니다.(선택한 후 ○표를 합니다. 표에서 한 번이라도 선택한 수는 다시 선택할 수 없습니다.)

② 표에서 선택한 수는 나에게 주어지는 기본 점수입니다.

③ 보너스 점수를 잡아라! 주사위의 눈의 수와 표에서 선택한 수를 이용하여 보너스 점수를 얻을 수 있습니다.  의 수가 4이고, 표에서 선택한 수가 1200이라면 보너스 점수는 1200×4%인 48점이 됩니다.

④ 나의 점수는 기본 점수와 보너스 점수의 합입니다.

⑤ 같은 방법으로 5번 더 합니다. 6회 동안 구한, 기본 점수와 보너스 점수의 합이 나의 최종점수가 됩니다.

1836	1700	1755	1504	1756	1902
1947	1855	1823	1781	1559	1567
1582	1861	1523	1946	1507	1968

문 1 주사위를 6번 던져서 점수를 구하는 방법으로 아래의 표를 채워보시오.

주사위수						
표의 기본수						
보너스 점수						

최종점수

문 2 놀이를 시작하자마자 주사위의 눈이 5나 6이 나오면, 표에서 어떤 수를 선택하는 것이 좋습니까? 1이나 2가 나오면 어떤 수 선택하는 것이 좋습니까?

문 3 주사위를 6번 던졌을 때 나올 수 있는 가장 높은 점수는 몇 점입니까? 그리고, 가장 낮은 점수는 몇 점입니까?

문 4 두 사람이 표 하나를 가지고 한다면, 놀이의 전략을 어떻게 바꾸어야 합니까?

활동명	보너스 점수를 잡아라!		
활동목표	비율을 이용하여 비교하는 양을 구할 수 있다.		
단계	6학년 1학기	단원	비와 비율

이렇게 지도하세요

주사위를 던져 나온 수를 확인한 후, 표에서 수를 선택합니다. 주사위를 던져 나온 수와 표의 수를 이용하여 자신의 점수를 구하게 되는 놀이입니다.

나의 점수 중 기본점수는 표에서 선택한 수입니다. 그리고, 보너스 점수는 표에서 선택한 수의 주사위 눈 수만큼의 비율입니다. 예컨대, 표에서 선택한 수가 1200이고 눈의 수가 4이면, 보너스 점수는 1200×4%인 48점이 됩니다. 결국, 1200+1200×4%가 나의 점수가 됩니다.

표에서 한 번이라도 선택한 수는 다시는 선택할 수 없습니다. 따라서, 주사위에서 나온 수가 몇이냐에 따라 표의 수를 잘 선택해야 합니다. 6이 나왔을 때, 표에서 가장 큰 수를 선택하는 것이 당연히 좋습니다. 그런데, 4가 나왔을 때는 고민을 해야합니다. 주사위에서 4가 나왔고, 가장 큰 수를 선택하였을 때, 나중에 5나 6이 나오면 손해입니다. 반대로, 주사위에서 4가 나왔고 가장 큰 수를 선택하지 않고 남겨 놓았 때, 그 후로 계속해서 1이나 2와 같이 작은 수가 나온다면 4에 가장 큰 수를 곱하지 않은 것은 손해가 됩니다. 그렇기 때문에 처음부터 무조건 큰 수를 선택하는 것은 잘못된 전략이 될 수도 있습니다.

이 놀이는 혼자서 하여 점수를 구한 후, 다른 친구들의 점수와 비교하여 승리한 사람을 확인할 수 있습니다. 하나의 표를 가지고 번갈아 가며 수를 선택한다면, 먼저하는 사람이 당연히 큰 수를 선택하게 될 것입니다. 문 4 은 두 사람이 표 하나만을 가지고 할 경우를 묻는 것입니다.

놀이의 방법을 바꾸어 볼 수도 있습니다.

첫째, 표의 수가 모두 ○표 될때까지 점수를 구하는 방법

둘째, 일정한 점수 넘을 때까지 몇 번 주사위를 던지는지 세어보는 방법

정답

문 2 5나 6이 나왔을 경우, 1968이나 1947과 같이 큰 수를 선택합니다. 1이나 2가 나왔을 경우는 1861이나 1855와 같이 다섯, 여섯번째로 큰 수를 선택합니다. 1855보다 작은 수는 선택할 필요가 없습니다.

문 3 1968+1968×0.06+1947+1947×0.06+1946+1946×0.06+1902+1902×0.06+1861+1861×0.06+1855+1855×0.06=12167.74

문 4 먼저, 나중 가릴 것 없이 남아있는 수 중에 무조건 큰 수를 선택합니다.

활동 05 숨겨진 수를 찾아라!

초등학교 6학년 반 이름 :

> 1 0 0 ÷ 1 0 = 을 누르면, [10] 이 됩니다.
>
> 이어서, [10] 에서 5 0 = 만 눌러도, 50÷10인 [5] 가 나옵니다.
>
> 이어서, [2] 에서 2 0 = 만 눌러도, 20÷10인 [2] 가 나옵니다.
>
> 100÷10을 계산한 후 50÷10을 하고 싶을 때, 5 0 = 만 눌러도 됩니다.
>
> 이어서, 4 0 = 을 누르면 40÷10이 계산되어, [4] 가 나옵니다.

※ 짝과 함께 게임을 하여 봅시다.

① 한 사람은 상대방이 보지 못하도록 하여 숨겨진 수가 될 두 자리 수를 계산기에 입력합니다.

1 6 [16]

② 입력한 수를 알아채지 못하도록, 같은 수로 나누어 1이 나오도록 합니다.

÷ 1 6 = [1]

③ 계산기를 상대방에게 주어 두 자리 수를 맞추게 합니다.

④ 계산기에 5 0 와 = 를 누르면, 『50÷16=』를 계산한 것과 같습니다. 그러나, 이 사람은 16을 모르기 때문에 답을 이용하여 16을 추측해야합니다.

⑤ 한 번에 맞추기 어렵기 때문에 여러 가지 수를 눌러봅니다.

5 0 = → 3.125

3 0 = → 1.875

1 1 = → 0.6875

1 5 = → 0.9375

④ 1 6 = 를 누르면, 1 이 나오고, 숨겨진 수를 찾은 것입니다.

⑤ 숨긴 수를 찾았으면 역할을 바꾸어 게임을 계속합니다. 계산기 이용 횟수가 적은 사람이 이깁니다.

	첫째	둘째	셋째	넷째	다섯째	여섯째	숨겨진 수
예상한 수							
계산 값							

※ 게임에서 이기기 위한 전략은 무엇입니까?

____

한 걸음 더

※ 어떤 수를 세 자리 수 또는 네 자리 수의 범위로 정하여 게임을 하시오.

활동명	숨겨진 수를 찾아라!		
활동목표	몫을 비교하여 원래의 수를 구할 수 있다.		
단계	6학년 1학기	단원	문제 푸는 방법 찾기

이렇게 지도하세요

이 활동은 A라는 사람이 계산기에 입력한 값을 B라는 사람이 찾는 게임활동입니다.

계산기를 '계산 쉽게 하기 위한 도구'로만 이용하는 것이 아니라 숨겨진 수를 찾아보는 게임을 통해 계산기의 유용성을 생각해 볼 수 있는 기회가 되도록 합니다.

A라는 사람은 1 6 ÷ 1 6 = 를 입력하여, 계산기 화면에는 1 이 나타나도록 합니다. 이어서, B는 자기가 (선택한 수)를 입력하고 = 를 누릅니다. 이때, 나오는 결과는 (선택한 수) ÷ 1 6 의 결과입니다. 만약, 50을 선택하였다면, 5 0 = 를 누르게 될 것이고, 이것은 계산기 기억 속에서 50÷16으로 계산을 하게 됩니다. 따라서, 계산기에는 3.125 가 나오게 됩니다. 결과가 1이 나올 때까지 게임은 계속되고, 1이 나오면 게임은 끝나게 됩니다. 게임의 승자는 결과가 1이 될 때까지의 시도 회수가 적은 사람입니다. 게임을 하는 동안 계산기에 게임 참가자가 선택한 수와 = 이외의 다른 키를 눌러서는 안됩니다.

게임에서 이기기 위한 전략을 찾아보는 것도 게임을 효과적으로 진행하는 방법이 됩니다. 나오는 결과가 0.5일 때, 숨겨진 수는 자기가 입력한 수의 2배입니다. 이 점을 알고 있다면 게임에서 쉽게 이길 수 있습니다. 또, 몫이 2, 4, 6 등으로 나오는 경우에는 숨겨진 수는 자기가 입력한 수의 $\frac{1}{2}$, $\frac{1}{4}$, $\frac{1}{6}$ 임을 알아야 게임에서 쉽게 이길 수 있습니다. 1회 시도에 입력한 결과가 1보다 큰 경우에는 입력한 수가 숨겨진 수보다 큰 수이고, 1보다 작은 경우에는 숨겨진 수보다 작은 수가 된다는 것을 찾아낸다면 쉽게 게임에서 이길 수 있습니다.

정답 및 풀이과정

※ 일정한 답은 없습니다. 게임 참가자가 선택한 수로 진행하고 숨은 수를 알아내기까지의 시도 회수가 작은 사람이 승자가 됩니다.

※ 게임에서 이기기 위한 전략은 입력회수를 줄일 수 있는 만큼 줄이는 것입니다. 1회 입력 결과를 1과 비교하여 1보다 크면 숨은 수는 입력한 수보다 작아야 하고, 1보다 작으면 숨은 수는 입력한 수보다 커야 한다는 점을 생각하여야 합니다. 또, 입력한 결과가 2, 3, …의 자연수로 나타나면 입력한 수가 숨은 수의 2배, 3배인 수라는 점을 알아야 하고, 입력한 결과가 0.5로 나타나면 숨은 수가 입력한 수의 2배인 수라는 점을 발견하는 것이 게임에서 이기기 위한 전략이 됩니다.

활동 06 몫을 어림하면?

초등학교 6학년 반 이름 :

※ ☐ 와 같이 생각하며 8792÷62를 어림해 보시오.

$62\overline{)8792}$

생각	계산기 입력	계산기 화면
몫이 150 쯤 될거야!	6 2 × 1 5 0 =	9300
다시 해야지. 140은?	1 4 0 =	8680
마지막 기회야! 145?	1 4 5 =	8990
내 점수를 계산해 봐야지!	- 8 7 9 2	198

나의 점수를 구하는 방법

나눗셈의 문제를 보고, 나눗셈의 몫을 어림합니다. 어림한 몫과 나누는 수의 곱을 구한 뒤, 나누어지는 수와 비교합니다. 차이가 나게 되면 어림은 더 하여 정확한 몫을 찾게 됩니다. 어림할 수 있는 기회는 3번 주어집니다. 몫을 어림하여 나온 곱과 원래의 나누어지는 수의 차이를 구하기 위해 마지막에는 곱에서 나누어지는 수를 뺍니다. 이때, 차이가 적게 나면 몫 어림을 잘한 것이고 차이가 많이 나면 몫 어림을 잘 하지 못한 것입니다. 두 수의 차이는 나의 점수가 됩니다. [- 198] 도 198점입니다.

놀이의 방법

두 사람이 놀이를 하여 나의 점수가 적게 나온 사람이 이깁니다.

※ 나눗셈의 몫을 어림하고, □에 써넣으시오. 어림한 몫과 나누는 수의 곱을 로 구해 몫이 맞는지 확인합니다. 어림하여 몫 구하기는 3번까지 할 수 있습니다. 세 번째 어림한 몫과 나누는 수와의 곱을 나누어지는 수와 비교하여 나의 점수 □를 구하시오.

문 1 $57\overline{)9043}$

5 7 × □ = ****

□ = ****

□ = ****   - 9 0 4 3 = ****

나의 점수 □

문 2 $17\overline{)2468}$

1 7 × □ = ****

□ = ****

□ = ****   - 2 4 6 3 8 ****

나의 점수 □

문 3 $66\overline{)1531}$

6 6 × □ = ****

□ = ****

□ = ****   - 1 5 3 1 = ****

나의 점수 □

▪ 한걸음더

문 4 91)403625

5	7	×		=	****		
				=	****		
				=	****	− 4 0 3 6 2 5 =	****

나의 점수 ☐

문 5 몫에 가장 가깝게 어림을 할 수 있는 방법을 쓰시오.

활동명	몫을 어림하면?		
활동목표	몫에 가장 가까운 수로 어림하는 방법을 알고, 몫의 어림값을 구할 수 있다.		
단계	6학년 1학기	단원	문제 푸는 방법 찾기

이렇게 지도하세요

이 활동에서는 나눗셈에서 몫에 가장 가까운 수를 어림하고, 몫에 대한 검산을 계산기로 하게 됩니다. 나누는 수와 어림한 몫의 곱이 나누어지는 수에 얼마나 가까운 값을 얻게 되었는지를 확인해 보고, 실제의 몫과 비교해 보는 과정을 통해 자연수의 나눗셈의 몫을 예상해 보는 활동입니다.

이 활동은 정확한 몫을 구하기보다는 몫에 가까운 수로 어림하는 데 초점이 맞추어져 있습니다.

문제에 제시된 '나의 점수'는 어림한 몫과 나누는 수와의 곱에서 원래의 나누어지는 수를 뺀 차로 결과가 0에 가까울수록 비교적 정확하게 몫을 어림하였다는 것을 나타냅니다.

어림을 시도하는 회수는 3회로 제한하고, 문제를 해결하면서 0에 가까운 점수를 얻을 수 있어야 문제의 의미를 바르게 이해하고 계산하였다는 것으로 생각해 볼 수 있습니다.

몫에 가깝게 어림하는 방법을 학생들이 찾아낼 수 있도록 교사의 적절한 안내가 필요합니다.

정답

문 1 ~ 문 3 생략

문 4 생략

한걸음더

문 5 몫에 가깝게 어림하기 위해서는 나누어지는 수와 나누는 수의 근사값을 구하여 대략 계산하여 몫의 어림값을 정하는 것입니다. 예를 들어 문항 1에서는 9043을 백의 자리에서 반올림한 근사값 9000과 57을 일의 자리에서 반올림한 근사값 60으로 바꾸어 9000÷60의 몫인 150을 몫으로 정하여 시도할 수 있습니다.

활동 07 나머지는 어떻게 구할까요?

초등학교 6학년 반 이름 :

※ 계산기를 이용한 나머지를 구하는 방법을 보고, 다음 문제를 해결하시오.(1~5)

2064÷64의 나머지 구하기

① 계산기에 2 0 6 4 ÷ 6 4 = 를 누른다. → 32.25

② 32.25 에서 32를 기억하고, C 를 누른다. → 0

③ 계산기에 3 2 × 6 4 − 2 0 6 4 = 를 누른다. → −16

④ −16 의 16이 나머지이다. (−16에서 −는 뺀다.)

문 1 구슬 876개를 한 주머니에 16개씩 나누어 담으려고 합니다. 주머니에 구슬을 담고, 남는 구슬은 몇 개입니까?

문 2 스카우트 대원 600명이 버스를 타고 야영을 떠나려고 합니다. 버스 1대에 45명씩 탈 수 있다면 버스는 모두 몇 대가 필요합니까?

문 3 복숭아를 한 상자에 35개씩 담는 기계가 있습니다. 복숭아 백만개를 포장하는데는 몇 상자가 필요합니까?

문 4 사탕을 한 봉지에 12개씩만 넣으려고 합니다. 봉지는 모두 127개이고, 사탕은 모두 1530개일 때, 봉지에 담고 남는 사탕은 몇 개입니까?

한 걸음 더

문 5 백만일은 몇 주 며칠입니까?

활동명	나머지는 어떻게 구할까요?		
활동목표	나머지의 의미를 알고, 몫의 자연수 부분을 이용하여 나머지를 구할 수 있다.		
단계	6학년 1학기	단원	문제 푸는 방법 찾기

▪ 이렇게 지도하세요

이 활동은 계산기를 이용하여 나눗셈에서의 몫과 나머지를 구하는 방법을 안내하기 위한 활동입니다.

2064÷64의 나머지를 구할 때, 나머지가 있으면 몫이 소수로 나오게 됩니다. 따라서, 소수부분은 나머지가 되는 것입니다. 결국, 나머지 구하는 방법은 몫의 소수부분을 나머지로 나타내는 것입니다.

계산기는 사칙연산의 순서에 따라 계산하지 않고, 입력된 순서에 따라 계산을 하기 때문에, 2 0 6 4 - 3 2 × 6 4 = 의 순서로 계산하지 않고 3 2 × 6 4 - 2 0 6 4 = 의 순서로 계산을 합니다.

계산을 행한 결과는 계산기 화면에 -16 으로 나타나지만, 나머지는 16이다. (-16에서 -는 뺀 16으로 나타나지만 나머지는 절대값인 16으로 바꾸어 생각해야 한다는 점을 학생들에게 안내하여야 합니다.)

문 2 는 나머지가 있는 나눗셈이면서 올림의 근사값 처리가 필요한 문제입니다. 문제 해결에서 오류를 범한 학생들에게는 문제 상황에 대하여 신중하게 생각해보도록 지도하시기 바랍니다. 600명이 45명씩 탄다면 13대에 탈 수 있고, 15명의 대원이 남게 되므로, 문제에서 구하고자 하는 것은 15명의 대원도 버스 1대에 타야 하기 때문에 13+1=14대입니다.

문 3 은 문제 2와 유사한 형태의 문제로 생각할 수 있지만, 복숭아를 35개씩 담아 한 상자를 포장하므로 35개가 되지 않으면 한 상자를 포장하지 않는다는 점을 고려해야 합니다.

즉, 나머지가 있는 나눗셈이지만 버림의 근사값 처리가 필요한 문제임을 이해하도록 지도하여야 합니다. 복숭아는 28571상자를 포장하고, 15개가 남는데, 15개는 1상자가 되지 못하므로 실제로 포장하기 위해 필요한 상자는 28571상자입니다.

문 4 나머지를 구하는 문제로 1 2 × 1 2 7 - 1 5 3 0 = 을 눌러 계산기 화면에 나오는 결과를 구하면 됩니다.

한 걸음 더 의 문 5 에서는 몫과 나머지를 함께 구하는 활동으로 일상 생활에서 일주일의 개념을 적용한 문제입니다.

정답

문 1 12개

문 2 14대

문 3 28571상자

문 4 6개

한 걸음 더

문 5 142,857주 1일

활동 08 나눗셈에서의 규칙 찾기

초등학교 6학년 반 이름 :

※ 계산기를 이용하여 나눗셈을 계산하고, 몫에서 나타난 규칙을 찾아보시오.

> 계산기 상수 기능
> 4÷99를 계산한 후, 5÷99를 계산할 때, [4] [÷] [9] [9] [=]를 누른 후, [5] [=]만 눌러도 됨.

	나눗셈	계산기 이용하기	몫
문 1	4÷99	[4] [÷] [9] [9] [=]	
	5÷99	[5] [=]	
	6÷99	[6] [=]	
	12÷99	계산기 사용하지 않고 어림	
문 2	4÷999	[4] [÷] [9] [9] [9] [=]	
	7÷999	[7] [=]	
	3÷999	[3] [=]	
	12÷999	계산기 사용하지 않고 어림	
문 3	2÷11	[2] [÷] [1] [1] [=]	
	3÷11	[3] [=]	
	4÷11	[4] [=]	
	5÷11	계산기 사용하지 않고 어림	

■ 한걸음더

문 4 121÷11 [1] [2] [1] [÷] [1] [1] [=] [ ]

12321÷111 [1] [2] [3] [2] [1] [÷] [1] [1] [1] [=] [ ]

1234321÷1111 [1] [2] [3] [4] [3] [2] [1] [÷] [1] [1] [1] [1] [=] [ ]

123454321÷11111 계산기 사용하지 않고 어림 [ ]

문 5 위의 활동을 한 후 알게 된 점을 쓰시오.

활동명	나눗셈에서의 규칙 찾기		
활동목표	나눗셈의 계산에서 발견되는 규칙을 이용하여 몫을 어림할 수 있다.		
단계	6학년 2학기	단원	소수의 나눗셈

이렇게 지도하세요

이 활동은 나눗셈의 계산에서 발견되는 규칙을 이용하여 적절한 몫을 어림하고 계산기를 이용하여 확인해 보는 것입니다. 또, 99, 999, 11로 나누었을 때 몫에서 나타내는 규칙을 탐구해 볼 수 있는 기회를 제공하기 위한 것입니다. 나눗셈의 몫을 살펴보면 같은 수가 반복되어 나타나게 되는데 순환소수와 순환마디에 대한 기초를 제공할 수 있습니다. 그러나, 초등학교에서는 순환소수에 대한 지도를 하지 않기 때문에, 학생들과 간단히 이름을 붙여보는 수준에서 순환소수와 순환마디에 대한 학습을 도입할 수도 있습니다.

문제 1, 2에서는 자연수를 99, 999로 나누었을 때 몫에서 나누어진 수가 반복되어 나타나는 규칙을 발견하고, 나누어지는 수를 다른 수로 바꾸었을 때 몫을 예상해 볼 수 있습니다. 문제 1, 2의 추가 활동으로는 같은 수를 99와 999로 나누었을 때의 몫을 비교하는 활동을 제시할 수도 있습니다. 예를 들어, 7÷99=0.070707…, 7÷999=0.007007007…, 67÷99=0.676767…, 67÷999=0.067067067…과 같이 몫을 구하여 같은 수를 99로 나누었을 때와 999로 나누었을 때의 몫을 비교해 보도록 유도하여 몫에서 나타나는 차이점을 찾아보도록 하고 99, 999로 나누었을 때의 몫에서 발견되는 규칙을 탐구하게 할 수도 있습니다. 문제 3에서는 자연수를 11로 나누었을 때 몫에서 발견되는 규칙을 찾아보는 활동으로 3÷11=0.272727…에서 몫은 나누어지는 수보다 1작은 수와 더하여 9가 되는 수를 만드는 수로 나타남을 발견하는 활동입니다. 3÷11의 몫은 3보다 1작은 수인 2와 2와 더하여 9가 되는 7의 두 수 2와 7이 번갈아 나타나는 것으로 0.272727…이 됩니다.

한걸음 더 에서는 1로 시작해서 1로 끝나는 좌우대칭인 수(토마토 수라고도 함)를 대칭축이 되는 수와 같은 개수의 자리의 개수를 가진 1로 이루어진 11, 111, 1111, 11111로 나누었을 때의 몫에서 나타나는 규칙을 찾아보는 활동입니다. 같은 수를 두 번 곱했을 때(제곱했을 때)의 결과를 알아볼 수 있는 기회를 제공하고, 제곱근에 대한 기초적인 이해를 제공할 수 있습니다.

정답

문 1 0.040404⋯, 0.050505⋯, 0.060606⋯, 0.121212⋯

문 2 0.004004⋯, 0.007007⋯, 0.003003⋯, 0.012012⋯

문 3 0.181818⋯, 0.272727⋯, 0.363636⋯, 0.454545⋯

한 걸음 더

문 4 11, 111, 1111, 11111

문 5 99나 999로 나누면, 나누어지는 수가 반복되어 나타난다. 99로 나누면 0과 (나누어지는 수)가 반복되고, 999로 나누면 00과 (나누어지는 수)가 반복된다.
2를 11로 나누면 2×9인 18이 반복되고, 3을 11로 나누면 3×9인 27이 반복된다.

활동 09 9, 99, 999로 규칙 찾기

초등학교 6학년 반 이름 :

☆ 어떤 수를 9나 99나 999로 나누어 보시오.

문 1 다음을  로 계산하고,  에 표시된 수를 소수점까지 모두 적으시오.

3÷9 = ______________________________

3÷99 = ______________________________

3÷999 = ______________________________

문 2 계산한 값에 어떤 규칙이 있습니까?

문 3 □안에 한 자리 수를 넣고, 를 이용하여 다음을 계산하시오.

□÷9 = ______________________________

□÷99 = ______________________________

□÷999 = ______________________________

문 4 위에서 찾은 규칙을 이용해서 를 이용하지 말고 다음을 계산하시오.

7÷9 = 0.777777777777…

7÷99 = ______________________________

7÷999 = ______________________________

문 5 다음 중 3.77777777…과 비슷한 종류의 소수는 어느 것입니까?

① 3.000012… ② 3.45454545…

③ 3.24689191… ④ 3.3434343434

문 6 5번의 답과 같은 특징을 가진 소수의 이름을 마음대로 정해봅시다.

한걸음더

문 7 13 또는 28과 같은 두 자리 수를 9, 99, 999로 나누면 어떤 규칙이 있겠습니까?

활동명	9, 99, 999로 규칙 찾기		
활동목표	나누어 떨어지지 않는 소수의 나눗셈을 할 수 있다.		
단계	6학년 2학기	단원	소수의 나눗셈

이렇게 지도하세요

교과서에서 학생들은 나누어떨어지지 않는 나눗셈을 배우고, 마지막 소수점 자리수를 처리하는 방법을 배웁니다. 나누어떨어지지 않는 나눗셈은 일정한 수가 반복됩니다.

본 활동은 9, 99, 999로 나누어, 나누어떨어지지 않는 소수 부분의 일정한 규칙을 찾아보는 활동을 합니다.

본 활동 내용에는 제시되지 않았지만, 순환소수를 분수로 바꾸는 학습으로 전개할 수도 있습니다. 예컨데, 7÷9=0.7777777…이므로, 0.777777…을 이용하여 $\frac{7}{9}$ 으로 나타낼 수 있습니다. 0.45454545…는 $\frac{45}{99}$ 로 나타낼 수 있습니다.

정답 및 풀이과정

문 1 3÷9 = 0.333333333333…

3÷99 = 0.030303030303…

3÷999 = 0.003003003003…

문 2 나누어 지는 수가 반복된 몫이 나온다. 9의 개수가 늘어날때 마다 반복되는 수에 0의 개수가 늘어난다.

문 3 5÷9 = 0.555555555555…

5÷99 = 0.050505050505…

5÷999 = 0.005005005005…

문 4 7÷9 = 0.777777777777…

7÷99 = 0.070707070707…

7÷999 = 0.007007007007…

문 5 ② 3.45454545… (④의 경우는 무한 소수가 아니고 나누어떨어지는 수입니다.)

문 6 순환소수 (학생들의 창안에 따라 다른 다양한 이름을 정해볼 수도 있습니다.)

한걸음 더

문 7 13÷9=1.44444444…

13÷99=0.13131313…

13÷999=0.013013013…

13−9=4이므로, 자연수는 1이 되고, 소수부분은 4÷9이므로 4가 반복됩니다.

99와 999는 한 자리 수 나눌때와 마찬가지로 나누어지는 수가 반복됩니다.

따라서, 28÷9는 몫이 3이고 나머지가 1이므로, 소수부분은 1÷9가 됩니다.99와 999로 나누면 28이 반복됩니다.

28÷9=3.111111111…

28÷99=0.2828282828…

28÷999=0.028028028…

활동 10 원의 둘레는 지름의 몇 배일까요?

초등학교 6학년 반 이름 :

☆ 도화지에 컴퍼스를 이용하거나 원 모양의 물건(CD, 접시, 깡통 등)을 대어 크기가 다른 5개의 원을 그려보시오.

문 1 그려진 원의 지름을 재는 방법을 생각해보시오.

문 2 그려진 원의 둘레를 재는 방법을 생각해보시오.

문 3 그려진 원의 둘레와 지름을 재고, 둘레가 지름이 몇 배가 되는지  로 계산하여 다음 표를 완성하시오.

원 그린 방법	원의 둘레	원의 지름	둘레는 지름의 몇 배?
	cm	cm	
	cm	cm	
	cm	cm	
	cm	cm	
	cm	cm	

문 4 3번에서 지름에 대한 둘레의 비를 구하였습니다. 비의 값이 서로 차이가 많이 납니까? 비의 값이 서로 차이가 많이 나지 않습니까? 그 이유는 무엇입니까?

- 비의 값에 차이가 많이 (난다, 나지 않는다)
- 이유 :

문 5 3번에서 구한 지름에 대한 둘레의 비에 평균을 구하시오.

문 6 지름이 5cm라면, 둘레는 몇 cm가 됩니까? 또, 둘레가 25.12cm라면, 지름은 몇 cm가 됩니까?

활동명	원의 둘레는 지름의 몇 배일까요?		
활동목표	원주율을 구할 수 있다.		
단계	6학년 2학기	단원	원과 원기둥

■ 이렇게 지도하세요

이 활동에서는 특히 우리 주변에 있는 실생활의 물건들을 사용하여 계산하기 때문에 교사의 의도적인 간단한 계산이나 정확하게 떨어지는 계산들을 학생들에게 제공할 수 없습니다. 따라서 본 활동에서 학생들에게 계산기를 사용하여 계산하게 하는 것은 학생들을 지루하고 복잡한 단순 계산을 하는 것에서부터 자유롭게 하고 수의 연산 속에서 이루어지는 규칙성을 찾는데 집중할 수 있도록 도와줍니다. π의 대략적인 값을 찾아보도록 함으로써 학생들은 π안에 담겨진 보다 많은 의미들을 알게 될 것입니다.

따라서 교사는 본 활동을 하기 위해 학생들에게 동그란 모양의 물건을 자신의 주변에서 찾아보도록 하고 지름을 재어 본 후 위의 표에 따라 계산해 보도록 해야 할 것입니다. 보충활동에서 수학자들이 π를 발견한 기원들이나 우리 주변의 π의 활용등에 대하여 조사해 보도록 함으로써 좀더 흥미를 가지고 의미를 탐구할 수 있도록 할 수 있을 것입니다.

■ 풀이과정

문 1 방법1. 지름을 어림하여 그린 후 원의 중심을 찾는 방법

방법2. 직각을 2개 그린 후, 직각을 그린 선분과 원이 만나는 두 점을 이으면 지름이 됩니다.

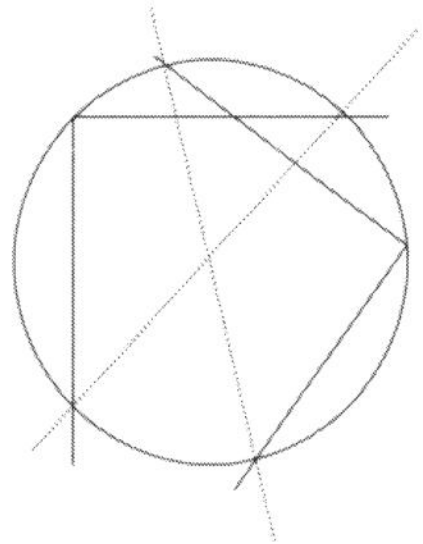

문 2 방법1. 깡통의 경우, 실을 두르고 실의 길이를 잽니다.

방법2. 둥근 물체의 경우, 자에 놓고 굴립니다.

방법3. 철사나 물을 묻힌 실을 이용하여 원의 둘레에 댑니다.

문 3 생략

문 4 측정의 오차로 인해 차이가 납니다.

문 5 3.14

문 6 $5 \times 3.14 = 15.7$(cm)　　$25.12 \div 3.14 = 8$(cm)

활동 11 소수의 곱 어림하기

초등학교 6학년 반 이름 :

※ 〈보기〉의 단계에 따라 문제를 해결하시오(1~6)

〈보기〉

$$\begin{array}{r} 2.3 \\ \times\ 3.7 \\ \hline \end{array}$$

① 0.851
② 8.51
③ 85.1
④ 851

1단계: 2 . 3 × 3 . 7 을 계산기에 입력하고, = 는 누르지 않습니다.

2단계: 곱을 어림한 후, 가장 가까운 수에 ○표 합니다.

3단계: 키를 눌러 답을 확인합니다.

문 1

$$\begin{array}{r} 5.8 \\ \times\ 7.2 \\ \hline \end{array}$$

① 0.42
② 4.2
③ 42.0
④ 420.

문 2

$$\begin{array}{r} 13.2 \\ \times\ 7.2 \\ \hline \end{array}$$

① 0.95
② 9.5
③ 95.0
④ 950.

문 3

$$\begin{array}{r} 8.19 \\ \times\ 0.673 \\ \hline \end{array}$$

① 0.06
② 0.6
③ 6.0
④ 60.0

문 4

$$\begin{array}{r} 15.19 \\ \times\ 0.982 \\ \hline \end{array}$$

① 1.7
② 15
③ 17
④ 170

문 5

$$\begin{array}{r} 12.4 \\ \times\ 2.73 \\ \hline \end{array}$$

① 24
② 34
③ 38
④ 320

문 6

$$\begin{array}{r} 6.09 \\ \times\ 13.9 \\ \hline \end{array}$$

① 8
② 78
③ 85
④ 100

※ 계산기 상수 기능을 알아봅시다.

2.3 × 8 2.3 × 9 2.3 × 15 2.3 × 18

을 계산기로 계산하는 방법

2 . 3 × 8 = 한 후,
9 =
1 5 =
1 8 = 만 눌러도 됨.

※ 두 수의 곱이 주어진 범위내로 나올 수 있도록 수를 어림해보시오.

0.3 × □ = [100~110]

① 0.3과 □의 곱이 100~110이 되도록 □를 예상합니다.
② 0 . 3 을 계산기에 입력합니다.
③ □의 수를 300으로 예상하였다면, × 3 0 0 = 을 누릅니다.
④ 다시, □의 수를 400으로 예상하였다면, 4 0 0 = 을 누릅니다.
⑤ 다시, □의 수를 350으로 예상하였다면, 3 5 0 = 을 누릅니다.
⑥ □의 수를 3번까지 예상할 수 있습니다.

문 7 0.8 × □ = 125~150

문 8 0.33 × □ = 200~225

문 9 4.27 × □ = 80~90

문 10 0.48 × □ = 425~435

문 11 23.6 × □ = 200~225

문 12 0.07 × □ = 50~55

문 13 43 × □ = 2300~2500

문 14 0.8 × □ = 5000~5400

한걸음더

문 15 4.6 × 15.8 = □ ~ □ 일 때, 두 수의 곱이 들어갈 범위를 정해 보시오.

활동명	소수의 곱 어림하기		
활동목표	곱의 결과가 나올 수 있도록 곱할 수를 예상할 수 있다.		
단계	6학년 2학기	단원	분수와 소수의 계산

이렇게 지도하세요

이 활동은 곱셈식과 곱의 결과를 보고 가장 가까운 결과를 어림하여 보고 계산기를 이용하여 실제의 결과와 비교하는 활동과 주어진 범위에 있는 곱의 결과를 얻을 수 있도록 곱하는 수를 적절한 수로 예상해 보는 활동으로 구성되어 있습니다.

문제 1~6에서 제시된 곱의 결과는 정확한 결과가 아니라 가까운 범위에 있는 수를 어림할 수 있도록 곱에 가까운 수와 그렇지 않은 수들을 배열하였습니다. 학생들이 문제를 쉽게 해결할 수 있도록 하기 위해서는 미리 학생들에게 근사값을 구하는 방법을 지도하는 것이 도움이 됩니다.

문제 7~12는 곱해질 수와 곱의 결과의 범위를 제시하고 범위 내의 결과를 얻기 위한 수를 예상하도록 합니다. 기회는 3번 주어지면, 암산으로 계산하든지 첫 번째, 두 번째에 예상한 값을 이용하든지 자기 나름대로의 방법을 활용하여 곱하는 수를 예상하도록 합니다. 정해진 답은 없습니다. 첫 번째 예상에 맞출 경우에는 3점, 두 번째 예상에 맞출 경우는 2점을 주는 방식으로 활동을 전개할 수 있습니다. 곱하는 수를 대부분 자연수로 정할 것이나, 반드시 자연수에서만 찾을 필요는 없습니다.

한걸음 더

두 수의 곱을 예상하는 문제입니다. 두 명의 학생이 놀이로 활동할 수 있습니다. 각각의 학생이 두 수의 곱이 될 범위를 정하고, 두 수의 곱이 범위 안에 들어간 범위를 예상한 경우에 이깁니다. 두 명이 모두 범위 안에 들어갔을 경우는 범위를 작게 정한 사람이 이기게 됩니다. 또, 두 사람이 같은 문제를 가지고 범위를 예상할 수도 있고, 서로에게 문제를 제시해 줄 수도 있습니다.

정답

문 1 ③ (정확한 곱은 41.76)

문 2 ③ (정확한 곱은 95.04)

문 3 ③ (정확한 곱은 5.51187)

문 4 ② (정확한 곱은 14.91658)

문 5 ② (정확한 곱은 33.852)

문 6 ③ (정확한 곱은 84.651)

문 7 ~ 문 14 예상한 수가 범위에 들어가는 수이면 정답임

한걸음더

문 15 72.68 이 들어가는 범위 (예) 70~80

활동 12 100에 가까운 수 만들기

초등학교 6학년 반 이름 :

※어떤 모둠이 100에 더 가까운 수를 만들까요?

① 한 모둠에 4명씩 모둠별로 활동합니다.

② 다음의 수 중 하나를 선택합니다.

14	19	37	17	26	7	9	33	21	24

③ 첫 번째 학생은 위의 숫자 중 하나를  에 입력하고 이 수에 자신이 생각하는 적당한 수를 곱합니다. (곱하는 수는 위 표의 수가 아닌 다른 수를 곱해도 됩니다.)

④ 이 후  를 두 번째 학생에게 넘기고, 두 번째 학생은  에 있는 수에 자신이 생각한 적당한 수를 다시 곱합니다.

⑤ 이런 방법으로 4명의 학생이 진행합니다.

⑥ 네 번째 학생까지 곱하여 나온 수와 100과의 차이가 그 모둠의 점수가 됩니다. 가장 낮은 점수를 얻은 모둠이 이기게 됩니다.

선택한 수	첫 번째 곱한 수	두 번째 곱한 수	세 번째 곱한 수	네 번째 곱한 수	곱해서 나온 수	점수
〈예〉 9	10	1.1	1.01	1	99.99	0.01

문 1 어떻게 하면 낮은 점수를 받을 수 있을까요?

한걸음더

문 2 놀이의 규칙을 바꾸어 보시오.

활동명	100에 가까운 수 만들기		
활동목표	소수의 곱셈 결과를 예상할 수 있다.		
단계	6학년 2학기	단원	분수와 소수의 계산

이렇게 지도하세요

☆ 이 활동의 목적은 아이들이 한 자리, 두 자리 수를 곱하는 효과를 이해하고 추정과 수들의 관계 및 패턴에 대해 연습하도록 하는데 있다. 이 활동을 위해서는 각 모둠당(최대 4명) 계산기 1대가 필요하고, 처음 수로 가능한 숫자 목록과 기록을 위한 종이와 연필이 필요합니다. 활동은 모둠별로 이루어집니다. 곱셈을 수행하는 아이들의 방법을 잘 살펴보는 것이 좋습니다. 이는 교사에게 아이들의 지식을 알 수 있도록 정보를 줍니다. 대부분의 아이들은 어떤 수를 곱하면 수가 커진다고 믿고 있습니다. 하지만 1보다 작은 수를 곱하면 원래보다 작아집니다. 아이들이 이 사실을 깨달을 수 있도록 유도해야 합니다.

한 걸음 더

주어진 놀이에 흥미있게 참여한 학생들은 놀이의 규칙을 바꾸는데 유연하게 대처할 수 있으며, 놀이의 규칙을 바꾸는데도 적극적으로 참여하게 됩니다. 따라서, 교사가 직접 다른 규칙을 제시하기 보다는 학생들이 자유롭게 규칙을 바꾸어보도록 유도하는 것이 바람직합니다. 경우에 따라서는 교사가 제시해 주어야 하는데 그 예는 다음과 같습니다.

첫째, 두 팀이 경쟁할 경우에 상대팀에게 처음에 주어지는 수를 정해줄 수 있습니다.

둘째, 1을 곱하지 못하게 할 수 있습니다.

셋째, 곱하는 횟수를 5번 이내로 하여 자유롭게 곱하게 할 수 있습니다.

넷째, 네 명이 곱하는 중에 반드시 곱해야하는 수를 따로 정해 놓을 수 있습니다.

다섯째, 곱셈 뿐만이 아니라 나눗셈도 곱하게 할 수 있습니다.

여섯째, 100이 넘는 모둠은 100이 되는 않는 모둠에 무조건 지는 것으로 정할 수 있습니다.

활동 13 □에 알맞은 수는?

초등학교 6학년 반 이름 :

※ 다음과 같은 방법으로 □에 알맞은 수를 구하시오.

13×□+82=810에서 □ 구하기

① 계산기에서 8 1 0 를 누릅니다. 810

② 계산기에서 − 8 2 = 를 누릅니다. 728

③ 계산기에서 ÷ 1 3 = 를 누릅니다. 56

④ 계산기에 나온 56을 □에 기록합니다.

⑤ 1 3 × 5 6 + 8 2 = 를 눌러 810이 나오는지 확인합니다. 810

⑥ 810이 나오지 않으면 ①부터 다시 합니다.

문 1 27×□−161=730

문 2 51×□−810=1587

문 3 85×□+65=1935

문 4 117×□+2244=20847

문 5 36×□−214=2954

문 6 13×□−987=1080

문 7 657×□=531513

문 8 □−892=583

문 9 753×□−18825=0

문 10 45×□−1234=476

한 걸음 더

문 11 147+54×☐=7923

문 12 ☐÷23+89=134

활동명	□에 알맞은 수는?		
활동목표	거꾸로 계산하기 방법을 알고 문제를 해결할 수 있다.		
단계	6학년 2학기	단원	문제 푸는 방법 찾기

■ 이렇게 지도하세요

이 활동은 방정식에서 미지항을 구하기 위하여 계산기를 사용하는 방법을 제시하는 것입니다. 등식의 양변에 같은 수를 더하거나 빼더라도 등식은 성립한다와 등식의 양변에 0이 아닌 같은 수를 곱하거나 나누어도 등식은 성립한다는 등식의 성질을 이해하고 있으면 쉽게 계산 과정을 파악할 수 있습니다. 문제 해결의 여러 방법 중 거꾸로 풀기 방법을 적용하여 학생들이 문제를 해결할 수 있도록 유도합니다.

문제 1~10은 곱셈이 포함된(문제 8 제외) 혼합 계산에서 □의 값을 구하는 경우로 [보기]에서 제시한 형태와 같으므로 [보기]에서의 과정을 따라 계산기를 이용하여 문제를 해결할 수 있습니다. 만일 문제를 해결하는데 어려움이 있는 학생이 있다면 교사는 나눗셈의 검산 과정을 이용하여 □를 구하는 방법을 이해시킬 수도 있습니다.

■ 한걸음 더 에서는 기본 단계의 문제를 해결한 학생들이 도전해 볼 수 있는 문제로 계산 순서를 다르게 만든 문제입니다. 그러나 문제를 해결하는 방법은 기본 단계와 같습니다. 혼합계산에서 계산의 우선 순위를 이해하고 있는 학생이라면 쉽게 해결할 수 있는 문제로 계산의 우선 순위에 대한 이해가 필요한 문제입니다.

■ 정답

문 1 33

문 2 47

문 3 22

문 4 159

문 5 88

문 6 159

문 7 809

문 8 1475

문 9 25

문 10 38

한 걸음 더

문 11 144

문 12 1035

활동 14 곱셈에서의 규칙 찾기

초등학교 6학년 반 이름 :

※ 를 이용하여 곱셈을 계산하고, 곱에서 나타난 규칙을 찾아보시오.

곱셈	이용하기	곱
문 1 1001×82	1 0 0 1 × 8 2 =	
1001×65	6 5 =	
1001×14	1 4 =	
1001×57	사용하지 않고 어림	

상수 기능
9×4를 계산한 후, 9×5를 계산할 때, 9 × 4 = 를 누른 후, 5 = 만 눌러도 됨.

문 2

99×12 = ☐ 이용

99×13 = ☐ 이용

99×14 = ☐ 이용

99×15 = ☐ 어림하기

문 3

2002×19 = ☐ 이용

2002×25 = ☐ 이용

2002×43 = ☐ 이용

2002×34 = ☐ 어림하기

문 4

303×15	= ☐	이용
303×20	= ☐	이용
303×25	= ☐	이용
303×30	= ☐	어림하기

문 5

37×3	= ☐	이용
37×6	= ☐	이용
37×9	= ☐	이용
37×12	= ☐	어림하기

한 걸음 더

문 6

$1 \times 8+1$	= ☐	이용
$12 \times 8+2$	= ☐	이용
$123 \times 8+3$	= ☐	이용
$1234 \times 8+4$	= ☐	어림하기

문 7

$9 \times 9+7$	= ☐	이용
$98 \times 9+6$	= ☐	이용
$987 \times 9+5$	= ☐	이용
$9876 \times 9+4$	= ☐	어림하기

문 8 위의 활동을 한 후 알게 된 점을 쓰시오.

활동명	곱셈에서의 규칙 찾기		
활동목표	곱셈에서 발견되는 규칙을 찾아 곱을 어림할 수 있다.		
단계	6학년 2학기	단원	문제 푸는 방법 찾기

이렇게 지도하세요

곱셈에서 규칙을 발견한 후, 곱의 결과를 예상할 수 있는지 알아보기 위한 활동입니다.

활동을 진행하기 위해 교사는 다음의 과정을 학생들에게 안내하여야 합니다.

① 각각의 문제의 세 번째 문제까지는 계산기로 계산한다.

② 네 번째 문제는 계산기를 사용하지 않고 답을 어림한다.

③ 계산기를 이용하여 답을 구하고, 어림한 답과 비교한다.

④ 필요하다면, 계산기의 상수 기능을 이용할 수도 있다.

이 활동에서는 정해진 수에 다른 수를 곱하여 나온 결과를 비교함으로써 곱의 결과에 대한 규칙을 찾아보고, 발견한 규칙에 따라 곱을 예상하여 계산기로 계산한 결과와 비교하도록 합니다.

문제 1에서는 1001×82=82082, 1001×65=65065, 1001×14=14014와 같이 계산 결과가 나옴을 알고 계산 결과에 곱한 수가 들어있는 규칙을 발견할 수 있다면 1001×57의 계산 결과를 예상해 볼 수 있습니다.

한걸음 더 에서는 곱을 구하는 단계에 합을 구하는 단계를 추가하여 혼합계산의 결과를 비교할 수 있도록 하였습니다. 문제 6에서는 계산기를 이용하여 계산하면 1×8+1=9, 12×8+2=98, 123×8+3=987와 같이 계산 결과가 나옴을 알 수 있습니다. 식과 계산 결과를 비교하여 규칙을 찾아보는 활동을 한다면 1234×8+4=9876일 것이라는 예상을 쉽게 할 수 있습니다.

정답

문 1 82082, 65065, 14014, 57057

문 2 1188, 1287, 1386, 1485

문 3 38038, 50050, 86086, 68068

문 4 4545, 6060, 7575, 9090

문 5 111, 222, 333, 444

한 걸음 더

문 6 9, 98, 987, 9876

문 7 88, 888, 8888, 88888

문 8 예) 문제 8에서는 한 자리씩 늘어나면서 8로 채워진다.

참고문헌

교육부 (1993). 국민학교 교육과정 해설(Ⅰ)-총론, 국어, 수학. 서울: 대한교과서주식회사.

교육인적자원부 (1997). 초등학교 교육과정 해설(Ⅳ)-수학, 과학, 실과. 서울:대한교과서주식회사.

NCTM (1980). An agenda for action. Reston. VA: The Author.

NCTM (1989). Curriculum and evaluation standards for school mathematics. Reston. VA: The Author.

NCTM (2000). Principles and standards for school mathematics. Reston. VA: The Author.

계산기를 활용한 초등수학 교육

2009년 6월 15일 초판 인쇄
2009년 6월 20일 초판 발행

지은이 | 강완 · 김진호 · 강태석 · 황정화
송정환 · 안희진 · 김숙현
펴낸이 | 오판근
펴낸곳 | 교우사

주　　소 | 서울시 동대문구 제기2동 148-19
대표전화 | 925-2861(代), 편집부 | 925-2825
팩　　스 | 925-2860
전자우편 | kyowoo@kyowoo.co.kr
홈페이지 | www.kyowoo.co.kr
출판등록 | 1994년 3월 24일(제 6-0256호)

ISBN 978-89-8172-798-7(93410)
값 16,000원